A Revolução Iraniana

FUNDAÇÃO EDITORA DA UNESP

Presidente do Conselho Curador
Mário Sérgio Vasconcelos

Diretor-Presidente
Jézio Hernani Bomfim Gutierre

Superintendente Administrativo e Financeiro
William de Souza Agostinho

Conselho Editorial Acadêmico
Danilo Rothberg
Luis Fernando Ayerbe
Marcelo Takeshi Yamashita
Maria Cristina Pereira Lima
Milton Terumitsu Sogabe
Newton La Scala Júnior
Pedro Angelo Pagni
Renata Junqueira de Souza
Sandra Aparecida Ferreira
Valéria dos Santos Guimarães

Editores-Adjuntos
Anderson Nobara
Leandro Rodrigues

Osvaldo Coggiola

A Revolução Iraniana

Coleção Revoluções do Século XX
Direção de Emília Viotti da Costa

© 2007 Editora Unesp

Direitos de publicação reservados à:
Fundação Editora da Unesp (FEU)
Praça da Sé, 108
01001-900 – São Paulo – SP
Tel.: (0xx11) 3242-7171
Fax: (0xx11) 3242-7172
www.editoraunesp.com.br
www.livrariaunesp.com.br
atendimento.editora@unesp.br

CIP – Brasil. Catalogação na fonte
Sindicato Nacional dos Editores de Livros, RJ

C625r

Coggiola, Osvaldo, 1950-

A revolução iraniana/Osvaldo Coggiola. – São Paulo: Editora Unesp, 2008.
il. – (Revoluções do século 20/Emília Viotti da Costa)

Inclui bibliografia
ISBN 978-85-7139-826-9

1. Irã – História – Revolução, 1979. I. Título. II. Série.

08-2060.
CDD: 955
CDU: 94(55)

Editora afiliada:

Asociación de Editoriales Universitarias
de América Latina y el Caribe

Associação Brasileira de
Editoras Universitárias

Apresentação da coleção

O século XIX foi o século das revoluções liberais; o XX, o das revoluções socialistas. Que nos reservará o século XXI? Há quem diga que a era das revoluções está encerrada, que o mito da Revolução que governou a vida dos homens desde o século XVIII já não serve como guia no presente. Até mesmo entre pessoas de esquerda, que têm sido através do tempo os defensores das ideias revolucionárias, ouve-se dizer que os movimentos sociais vieram substituir as revoluções. Diante do monopólio da violência pelos governos e do custo crescente dos armamentos bélicos, parece a muitos ser quase impossível repetir os feitos da era das barricadas.

Por toda parte, no entanto, de Seattle a Porto Alegre ou Mumbai, há sinais de que hoje, como no passado, há jovens que não estão dispostos a aceitar o mundo tal como se configura em nossos dias. Mas quaisquer que sejam as formas de lutas escolhidas, é preciso conhecer as experiências revolucionárias do passado. Como se tem dito e repetido, quem não aprende com os erros do passado está fadado a repeti-los. Existe, contudo, entre as gerações mais jovens, uma profunda ignorância desses acontecimentos tão fundamentais para a compreensão do passado e a construção do futuro. Foi com essa ideia em mente que a Editora Unesp decidiu publicar esta coleção. Esperamos que os livros venham a servir de leitura complementar aos estudantes da escola média, universitários e ao público em geral.

Os autores foram recrutados entre historiadores, cientistas sociais e jornalistas, norte-americanos e brasileiros, de posições políticas diversas, cobrindo um espectro que vai do centro até a esquerda. Essa variedade de posições foi conscientemente buscada. O que perdemos, talvez, em consistência, esperamos ganhar na diversidade de interpretações que convidam à reflexão e ao diálogo.

Para entender as revoluções no século XX, é preciso colocá-las no contexto dos movimentos revolucionários que se desencadearam a partir da segunda metade do século XVIII, resultando na destruição final do Antigo Sistema Colonial e do Antigo Regime. Apesar das profundas diferenças, as revoluções posteriores procuraram levar a cabo um projeto de democracia que se perdeu nas abstrações e contradições da Revolução de 1789 e se tornou o centro das lutas do povo a partir daí. De fato, o século XIX assistiu a uma sucessão de revoluções inspiradas na luta pela independência das colônias inglesas na América e na Revolução Francesa.

Em 4 de julho de 1776, as treze colônias que vieram inicialmente a constituir os Estados Unidos da América declaravam sua independência e justificavam a ruptura do Pacto Colonial. Em palavras candentes e profundamente subversivas para a época, afirmavam a igualdade dos homens e apregoavam como seus direitos inalienáveis: o direito à vida, à liberdade e à busca da felicidade. Afirmavam que o poder dos governantes, aos quais cabia a defesa daqueles direitos, derivava dos governados. Portanto, cabia a estes derrubar o governante quando ele deixasse de cumprir sua função de defensor dos direitos e resvalasse para o despotismo.

Esses conceitos revolucionários que ecoavam o Iluminismo foram retomados com maior vigor e amplitude treze anos mais tarde, em 1789, na França. Se a Declaração de Independência das colônias americanas ameaçava o sistema colonial, a Revolução Francesa viria pôr em questão todo o Antigo Regime, a ordem social que o amparava, os privilégios da aristocracia, o sistema de monopólios, o absolutismo real, o poder divino dos reis.

Não por acaso, a Declaração dos Direitos do Homem e do Cidadão, aprovada pela Assembleia Nacional da França, foi redigida pelo marquês de La Fayette, francês que participara das lutas pela independência das colônias americanas. Este contara com a colaboração de Thomas Jefferson, que se encontrava na França, na ocasião como enviado do governo americano. A Declaração afirmava a igualdade dos homens perante a lei. Definia como seus direitos inalienáveis a liberdade, a propriedade, a segurança e a resistência à opressão, sendo a preservação desses direitos o objetivo de toda associação política. Estabelecia que ninguém poderia ser privado de sua propriedade, exceto em casos de evidente necessidade pública legalmente comprovada, e desde que fosse prévia e justamente indenizado. Afirmava ainda a soberania da nação e a supremacia da lei. Esta era definida como expressão da vontade geral e deveria ser igual para todos. Garantia a liberdade de expressão, de ideias e de religião, ficando o indivíduo responsável pelos abusos dessa liberdade, de acordo com a lei. Estabelecia um imposto aplicável a todos, proporcionalmente aos meios de cada um. Conferia aos cidadãos o direito de, pessoalmente ou por intermédio de seus representantes, participar na elaboração dos orçamentos, ficando os agentes públicos obrigados a prestar contas de sua administração. Afirmava ainda a separação dos poderes.

Essas declarações, que definem bem a extensão e os limites do pensamento liberal, reverberaram em várias partes da Europa e da América, derrubando regimes monárquicos absolutistas, implantando sistemas liberal-democráticos de vários matizes, estabelecendo a igualdade de todos perante a lei, adotando a divisão dos poderes (legislativo, executivo e judiciário), forjando nacionalidades e contribuindo para a emancipação dos escravos e a independência das colônias latino-americanas.

O desenvolvimento da indústria e do comércio, a revolução nos meios de transportes, os progressos tecnológicos, o processo de urbanização, a formação de uma nova classe social – o proletariado – e a expansão imperialista dos países europeus na África e na Ásia geravam deslocamentos, conflitos sociais e guerras em várias partes do mundo. Por toda a parte, os grupos excluídos defrontavam-se com novas oligarquias que não atendiam às suas necessidades e não respondiam aos seus anseios. Estes extravasavam em lutas visando tornar mais efetiva a promessa democrática que a acumulação de riquezas e poder nas mãos de alguns, em detrimento da maioria, demonstrara ser cada vez mais fictícia.

A igualdade jurídica não encontrava correspondência na prática; a liberdade sem a igualdade transformava-se em mito; os governos representativos representavam apenas uma minoria, pois a maioria do povo não tinha representação de fato. Um após outro, os ideais presentes na Declaração dos Direitos do Homem foram revelando seu caráter ilusório. A resposta não se fez tardar.

Ideias socialistas, anarquistas, sindicalistas, comunistas, ou simplesmente reformistas apareceram como críticas ao mundo criado pelo capitalismo e pela liberal-democracia. As primeiras denúncias ao novo sistema surgiram contemporaneamente à Revolução Francesa. Nessa época, as críticas ficaram restritas a uns poucos revolucionários mais radicais, como Gracchus Babeuf. No decorrer da primeira metade do século XIX, condenações da ordem social e política criada a partir da Restauração dos Bourbon na França fizeram-se ouvir nas obras dos chamados socialistas utópicos, como Charles Fourier (1772-1837), o conde de Saint-Simon (1760-1825), Pierre Joseph Proudhon (1809-1865), o abade Lamennais (1782-1854), Étienne Cabet (1788-1856), Louis Blanc (1812-1882), entre outros. Na Inglaterra, Karl Marx (1818-1883) e seu companheiro Friedrich Engels (1820-1895) lançavam-se na crítica sistemática ao capitalismo e à democracia burguesa, e viam na luta de classes o motor da história e, no proletariado, a força capaz de promover a revolução social. Em 1848, vinha à luz o *Manifesto comunista*, conclamando os proletários do mundo a se unirem.

Em 1864, criava-se a Primeira Internacional dos Trabalhadores. Três anos mais tarde, Marx publicava o primeiro volume de *O capital*. Enquanto isso, sindicalistas, reformistas e cooperativistas de toda espécie, como Robert Owen, tentavam humanizar o capitalismo. Na França, o contingente de radicais aumentara bastante, e propostas radicais começaram a mobilizar um maior número de pessoas entre as populações urbanas. Os socialistas, derrotados em 1848, assumiram a liderança por um breve período na Comuna de Paris, em 1871, quando foram novamente vencidos. Apesar de suas derrotas e múltiplas divergências entre os militantes, o socialismo foi ganhando adeptos em várias partes do mundo. Em 1873, dissolvia-se a Primeira Internacional. Marx faleceu dez anos mais tarde, mas sua obra continuou a exercer poderosa influência. O segundo volume de *O capital* saiu em 1885, dois anos após sua morte, e o terceiro, em 1894. Uma nova Internacional foi fundada em 1889. O movimento em favor de uma mudança radical ganhava um número cada vez maior de participantes, em várias partes do mundo, culminando na Revolução Russa de 1917, que deu início a uma nova era.

No início do século XX, o ciclo das revoluções liberais parecia definitivamente encerrado. O processo revolucionário, agora sob inspiração de socialistas e comunistas, transcendia as fronteiras da Europa e da América para assumir caráter mais universal. Na África, na Ásia, na Europa e na América, o caminho seguido pela União Soviética alarmou alguns e serviu de inspiração a outros, provocando debates e confrontos internos e externos que marcaram a história do século XX, envolvendo a todos. A Revolução Chinesa, em 1949, e a Cubana, dez anos mais tarde, ampliaram o bloco socialista e forneceram novos modelos para revolucionários em várias partes do mundo.

Desde então, milhares de pessoas pereceram nos conflitos entre o mundo capitalista e o mundo socialista. Em ambos os lados, a historiografia foi profundamente afetada pelas paixões políticas suscitadas pela guerra fria e deturpada pela propaganda. Agora, com o fim da guerra fria, o desaparecimento da União Soviética e a participação da China em instituições até recentemente controladas pelos países capitalistas, talvez seja possível dar início a uma reavaliação mais serena desses acontecimentos.

Esperamos que a leitura dos livros desta coleção seja, para os leitores, o primeiro passo numa longa caminhada em busca de um futuro, em que liberdade e igualdade sejam compatíveis e a democracia seja a sua expressão.

Emília Viotti da Costa

Sumário

Lista de abreviaturas 15

1. Uma revolução televisada 17

2. Da Pérsia histórica ao Irã moderno 21

3. A dinastia Pahlevi
e o nacionalismo iraniano 33

4. A crise do petróleo e os antecedentes
da Revolução 45

5. O fim da dinastia Pahlevi e a Revolução 61

6. A crise internacional
e a guerra contra o Iraque 89

7. O Irã no centro do "Eixo do Mal" 109

8. A provocação nuclear 123

9. Conclusão 139

Bibliografia 145

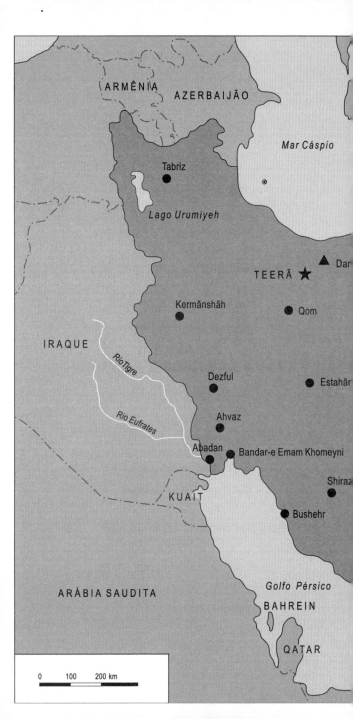

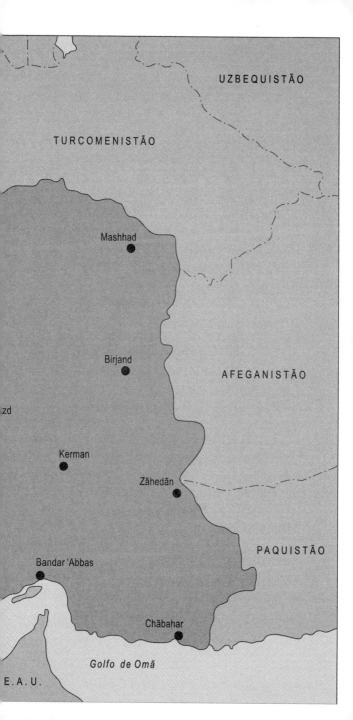

Lista de Abreviaturas

Agência Internacional de Energia (AIE)
Agência Internacional de Energia Atômica (Aiea)
Companhia Anglo-Iraniana de Petróleo (Aioc)
Companhia Nacional Iraniana de Petróleo (Nioc)
Conselho de Cooperação do Golfo (CGG)
Internacional Comunista (Cominterm)
Organização dos Países Produtores de Petróleo (Opep)
Organização para a Cooperação Econômica e o Desenvolvimento (OCDE)
Organização para a Libertação da Palestina (OLP)
Países Árabes Exportadores de Petróleo (Opaep)
Partido Operário Social-Democrata Russo (PSODR)
Partido Republicano Islâmico (PRI)

1. Uma revolução televisada

Em fins de 1978, a tela das TVs do mundo inteiro mostravam um espetáculo surpreendente e inesperado. As ruas das principais cidades do Irã enchiam-se de manifestantes que, lançando vivas ao imã Khomeini, reclamavam o fim do governo, uma monarquia encabeçada pelo xá Mohammed Reza Pahlevi. A ação repressiva do Exército e da polícia, fiéis ao regime, não conseguia deter a determinação dos manifestantes. Estes eram massacrados às dúzias e centenas, só para se tornarem mais numerosos no dia seguinte. O povo iraniano, literalmente, oferecia seu peito às balas, e até aos blindados, do poderoso Exército imperial. Poucas vezes tinha-se visto semelhante determinação em um movimento popular, em qualquer país ou época histórica.

O caráter "islâmico" das manifestações surpreendia, menos, porém, do que o fato de, pela primeira vez, uma revolução ser transmitida ao vivo pela televisão. E, paradoxalmente, se o mundo podia, de modo quase inédito, acompanhar a evolução e vicissitudes de um processo revolucionário "em tempo real", essa revolução, até mesmo comunicacional, não parecia inspirada em ideias contemporâneas, mas nos ensinamentos de um personagem religioso do século VII, o profeta Maomé. Ao qualificarmos de "iraniana" uma revolução que o mundo acostumou-se, ideologicamente, a chamar de "islâmica" (apresentando-a assim como um evento basicamente reacionário), sublinhamos suas múltiplas raízes históricas e políticas, que o obscurantismo "racionalista" pretende ocultar mediante uma simplificação absoluta, posta, hoje, a serviço de uma cruzada

mundial contra o "terrorismo islâmico",[1] último álibi político-
-ideológico do velho imperialismo capitalista.

Até então, o Irã pouco frequentava os noticiários internacionais. Na década de 1960, pouco tinha chamado a atenção a constituição de um cartel de países produtores de petróleo, a Organização do Países Produtores de Petróleo (Opep), com papel central do Irã, segundo exportador mundial do óleo. No entanto, já em 1973, por ocasião do primeiro "choque do petróleo", a Opep e o Irã faziam tremer a economia mundial. Mas na crise do "ouro negro", o Irã fazia parte de um grupo mais amplo de países. Em 1979, o mundo apreendia o que não muitos tinham denunciado antes: que o glamouroso regime do xá, cheio de belas fardas e decorações, apoiava-se em uma repressão selvagem, na qual se distinguia, pela brutalidade de suas torturas, a polícia política: a Savak.

Antes disso, a grande mídia apresentava o regime dos Pahlevi como um oásis de modernidade, em meio a um arquipélago de regimes árabes belicosos (os conduzidos pelo nacionalismo laico árabe), ou retrógrados (os conduzidos por monarquias feudais). Nas décadas precedentes, o regime iraniano frequentava as colunas sociais e manchetes das revistas mundanas por ocasião das desventuras matrimoniais e sentimentais do xá com a imperatriz Soraya, repudiada por sua incapacidade de dar herdeiros ao monarca.

A sorte (má) da imperatriz comoveu o mundo – Soraya mudou-se para a Europa Ocidental, onde virou atriz de diretores *cult* do cinema italiano. O xá casou-se em segundas núpcias com Farah Diba, que lhe deu herdeiros, num faraônico (ou persa) cenário que queria passar a imagem de que o único problema

---

[1] Justiça seja feita, o Islã, ao contrário do cristianismo, não é uma religião de credo. Nem há algo como uma autoridade religiosa centralizada um papa ou um Vaticano no Islã, para definir o que é e o que não é islâmico. Que existam pessoas que pensam falar pelos muçulmanos de todo o mundo não significa que tenham autoridade política ou religiosa sobre aquela que é inquestionavelmente a mais diversa e eclética comunidade religiosa existente.

iraniano era o das aventuras e/ou desventuras de seus casais reais. Em fins da década de 1970, o mundo descobria que o cenário de Cinecittà da corte do senhor do petróleo era um cenário de papelão, montado em cima de uma ditadura reacionária e repressiva.

Quando especialistas da CIA escreveram um relatório, em setembro de 1978, sobre a saúde política do regime monarquista pró-ocidental no Irã, concluíram que, apesar de seu governo autocrático, o xá presidia uma dinastia estável que duraria, pelo menos, mais uma década. Quatro meses depois, no entanto, ele foi forçado a fugir de uma revolução popular que o derrotou. Sua polícia secreta, a já mencionada Savak, com seus 65 mil policiais, funcionava nos moldes do Mossad israelense. Embora tenha sido oficialmente criada como um grupo de contraespionagem, sua principal função era manter a ordem interna, suas principais táticas eram a tortura e a intimidação, fazendo que os opositores do regime se sentissem como prisioneiros em seu próprio país – e ainda com a conivência dos Estados Unidos e de Israel.

A Savak tinha penetrado em todas as camadas da sociedade, emprestando e "refinando" as medidas perversas da Gestapo. Até o ditador chileno Pinochet mandou seus torturadores para treinar em Teerã. E o mundo descobria também que o Islã, considerado uma velharia religiosa ultrapassada até no Oriente Médio, ressurgia como força política poderosa, abalando não só os regimes alinhados com a "modernidade" capitalista, mas também o "socialismo real". A União Soviética, preocupada com a Revolução Islâmica, invadiu o vizinho Afeganistão, criando o teatro do que seria o "Vietnã soviético".

Em 1979 também, na longínqua América Central, outra antiga ditadura alinhada com os Estados Unidos era derrubada por uma revolução sandinista, que recuperava para a história presente outra figura histórica: a de Augusto César Sandino. Os Estados Unidos bloquearam a Nicarágua, apoiando uma contrarrevolução interna que, de modo paradoxal, foi depois financiada com fundos provenientes da venda clandestina de armas ao novo regime iraniano, no "escândalo Irã–Contras". Montaram bases militares em países vizinhos (Honduras), para evitar o "contágio sandinista" em terras centro-americanas e caribenhas, temor não infundado se consideramos os movimentos revolucionários que irrompiam em El Salvador e na Guatemala.

O mundo mudava. Novos vulcões revolucionários surgiam. No Brasil, as greves no grande ABC marcavam o início do fim da ditadura militar. Surgiam o Partido dos Trabalhadores (PT) e a Central Única dos Trabalhadores (CUT). As alas "radicais" (revolucionárias) do movimento sindical e político brasileiro eram chamadas de "xiitas", mostrando o alcance do exemplo que vinha do longínquo Oriente Médio.

As revoluções no Irã e na Nicarágua davam continuidade à retirada dos Estados Unidos do Vietnã e do Sudeste Asiático, nos anos precedentes. Nos Estados Unidos e na Europa, os regimes de Ronald Reagan e de Margareth Thatcher, eleitos logo depois, viriam tentar impor uma reversão na tendência política mundial. Mas, se a revolução iraniana não era um raio em céu de brigadeiro, tampouco se esgotou na queda da monarquia a partir daí, desfraldaria todas suas contradições, herdadas do processo histórico do país.

2. Da Pérsia histórica ao Irã moderno

O Irã é um dos países mais antigos do mundo. A sua região esteve povoada, pelo menos, a partir do oitavo milênio a.c. Está situado em um enclave estratégico, na região do Oriente Médio ao sul-oeste da Ásia. Em 1500 a.c., povos indo-arianos chegaram à região procedentes do rio Volga e da Ásia Central. Na região se estabeleceram, então, as duas principais tribos arianas,[1] os persas e os medos. Ambas chamaram seu novo lar de Irã, forma abreviada de *Iran-sahr* (país dos arianos). Outro povo viveu no sul do Irã, na região que os gregos depois chamariam *Persis*, de onde procede o nome *Pérsia*, com que a região ficou historicamente conhecida.

Por sua localização geográfica, o Irã esteve, desde seus inícios, situado na encruzilhada de um conjunto de civilizações, impérios e rotas estratégicas, ligando Europa e Ásia. O Irã histórico limita com o berço das grandes civilizações da Mesopotâmia, com o Império Russo, com a Ásia Central, com a Turquia, com a Península Arábica e o Golfo Pérsico, com a Índia (incluindo o atual Paquistão). O país foi teatro de permanentes invasões e alvo da cobiça de seus vizinhos imediatos e, na era contemporânea, passou a ser disputado pelas grandes potências mundiais.

A geo-história do Irã, portanto, desenvolveu-se em meio a frequentes invasões, com as subsequentes mudanças de regimes e dinastias, e constantes alterações da propriedade da terra e pilhagens de seus recursos naturais. Tudo isso agiu como um

---

[1] O termo *ayriano* significa nobre, bom e, por extensão, nobreza, classe dominante.

obstáculo para a constituição de um aparelho de Estado consolidado e centralizado e, na era moderna, para um desenvolvimento de relações de propriedade que constituíssem a base de uma acumulação capitalista independente. As consequências destas peculiaridades da história iraniana se fariam sentir na era contemporânea, e seriam um dos fatores determinantes da natureza da sua recente revolução.

Ao longo dos séculos, desde a remota Antiguidade até o século VII d.C., quando foi invadido pelos árabes, o Irã viu surgir e desaparecer grandes impérios, que se estendiam por vezes até a Índia no oriente, e até o Império Bizantino no ocidente. A dinastia sassânida que durou mais de quatrocentos anos, atingindo seu apogeu no século VI, submeteu a população a tal grau de exploração e abusos que entre 494 e 524 uma revolta popular de grandes proporções liderada por Mazdak, embora violentamente reprimida, contribuiu para abalar os fundamentos de seu poder. Em meados do século seguinte, entre 641 e 651, os exércitos árabes conquistaram a região.[2] A maioria de seus habitantes foi convertida ao Islã, sobrevivendo, porém, outras crenças, como o zoroastrismo, o cristianismo e o judaísmo. A conquista da Pérsia pelos árabes levaria à sua integração como província primeiro do califado omíada e, a partir de 750, do califado abássida. Durante o período de dominação árabe, houve um intercâmbio entre a cultura árabe e a persa que se detecta, por exemplo, na adoção pelo califado abássida da organização administrativa sassânida e dos costumes persas.

O Islã iraniano teve seu próprio perfil, diferente do restante do mundo muçulmano. Os persas adaptaram a forma xiita heterodoxa do Islã,[3] utilizando-a, inclusive, como uma arma

---

[2] O Império Árabe formou-se com o surgimento do islamismo; antes disso, a Arábia era composta por povos semitas que, até o século VII, viviam em diferentes tribos. Antes de Maomé operar a unificação da península arábica pelo islamismo, a região era extremamente fragmentada, e nela coexistiam diversos reinos e povos autônomos.

[3] Há diversas divisões e ramificações do Islã, a mais conhecida é a divisão entre sunitas e xiitas. Depois da morte de Maomé, as *Sunnas* do Corão passaram

contra os chefes supremos árabes. A língua dos conquistadores substituiu a língua *pahalavi* (persa, ou *farsi*), o que freou o desenvolvimento da literatura e da poesia persas. Isso acabou, em reação dialética, reafirmando o espírito nacional. Durante cinco séculos as obras literárias e a história do país foram escritas em arábico.

No século IX, o controle árabe do país enfraqueceu e o império dividiu-se em pequenos reinos com governantes iranianos. Em meados desse século, os *seljuk* turcos conquistaram grande parte do Irã. Com outras tribos turcas, governaram até 1220. Os mongóis, encabeçados por Gêngis Khan, invadiram o país causando estragos, destruindo as cidades por onde passavam, assassinando milhares de iranianos e acabando com o califato abássida. A épica iraniana está cheia de relatos acerca dessas calamidades, relatos de cidades arruinadas e da devastação perpetrada pelos "bárbaros" nômades. Depois de 1335, o Império Mongol, como os demais, se desintegrou, sendo substituído por dinastias menores.

Entre os séculos XI e XIX, o Irã foi governado por quinze dinastias, quase todas nômades, originárias da Ásia Central, de

---

cada vez mais a ser conhecidas como Sunnas de Maomé. No entanto, o conjunto de tradições se mostrou incompleto com o passar do tempo e, sobretudo, à medida que os árabes se expandiam e entravam em contato com povos não árabes. Justamente por causa dessas lacunas do Alcorão, criou-se no mundo islâmico a tradição dos *Hadith*, ou seja, homens que ditavam a maneira mais adequada de se agir diante das situações sobre as quais o Alcorão nada mencionava. Os sunitas desenvolveram um código legal, a *Shariah*, que deriva do Corão, da tradição islâmica e do consenso entre suas comunidades. Os xiitas apoiam-se em leituras mais estritas do Corão. Os xiitas acreditam que todas as revelações divinas foram recebidas por Maomé e estão contidas no Corão, o livro sagrado. Por esse motivo, lideranças religiosas altamente preparadas, os *imãs*, são necessárias para interpretar com rigor o Corão. Os xiitas (que formam 10% de todos os muçulmanos, residindo sobretudo no Iraque e no Irã) estão "a favor de Ali", genro e primo de Maomé e um dos primeiros califas ou sucessores, como líder da comunidade muçulmana. Os xiitas acreditam que o líder do islamismo deveria estar entre os descendentes de Ali e estaria "escondido" em outro domínio da existência.

duração relativamente curta, com exceção da dinastia safévida, que se estendeu de 1501 até 1722. O poderio militar dos nômades era superior ao dos povos sedentários. Quando os nômades chegavam ao poder, no entanto, tornavam-se sedentários, desaparecendo sua superioridade militar. Os nômades usavam sua força militar para conseguir meios de subsistência, saqueando a riqueza acumulada pelas civilizações sedentárias, considerando a terra objeto de saque. Cada conquista foi acompanhada pelo confisco e pela redistribuição da terra em favor da nova elite dominante. Os câmbios dinásticos foram acompanhados do saque e da redistribuição da terra, o que se constituiu em um freio para o desenvolvimento da propriedade privada da terra.

A divulgação do islamismo xiita como religião oficial do Estado safévida foi uma força unificadora do Império, mas levou a um conflito direto com o Império otomano, com dois séculos de guerras intermitentes entre os dois poderosos Estados.

A dinastia safévida configurou um período bastante longo de estabilidade, que afetou as relações de propriedade, superando as arbitrariedades do ciclo nômade e dos câmbios dinásticos. A dinastia safévida governou até 1722, quando um exército afegão invadiu o país e tomou Ispahan. Em 1730, Nadir Chah, que pertencia a uma tribo turca, expulsou os afegãos e se proclamou rei. Em 1739, tomou a cidade de Delhi, na Índia, retornando com um abundante tesouro, mas foi assassinado em 1747. Em 1750, Karim Khan, curdo da tribo *zand*, conquistou o poder. Depois de sua morte, em 1779, explodiu a guerra entre os *zands* e os *qajars* (uma tribo do mar Cáspio). Nesse período, o Irã perdeu o Afeganistão e outras regiões conquistadas por Nadir Chah. Os *qajars* derrotaram os *zands* em 1794 e sua dinastia governou até 1925.

Por séculos, como vimos, a região foi palco de lutas intermináveis internas e externas, o que levou gradualmente ao enfraquecimento das dinastias tribais e ao fortalecimento do Estado.

Em princípios do século XIX, o desenvolvimento econômico recebeu notável impulso. Tal como na Rússia czarista, ou no Japão, a origem do desenvolvimento esteve na concorrência e na pressão externa. As nações capitalistas do Ocidente iniciaram uma fase de expansão colonialista em direção ao leste. A Rússia, por exemplo, enfrentou o crescente poder da Suécia, e, mais tarde, da França e da Alemanha, e ensaiou uma modernização militar. No Irã, no entanto, o fenômeno foi mais limitado, a monarquia *qajar* foi incapaz de desenvolver uma economia moderna. Enfraquecida por lutas intestinas e minada por um alto grau de corrupção interna foi caindo sob domínio do imperialismo ocidental.

Nos conflitos militares com a Rússia, a dinastia *qajar* sofreu duas importantes derrotas com perdas territoriais importantes. A penetração e crescente influência estrangeira, e as tentativas dos governos iranianos de construir um exército moderno, provocaram a desintegração das antigas dinastias tribais. O Irã entrou no caminho do capitalismo, mas, desde o início, o capitalismo do país foi atrasado e débil. O crescimento das forças produtivas capitalistas, durante o século XIX, foi lento, mas a população praticamente dobrou, intensificando-se o processo de urbanização. A agricultura também se expandiu. O número de artesãos cresceu e aumentaram as exportações. A partir da segunda metade do século, no entanto, o crescimento das importações de produtos manufaturados procedentes dos países ocidentais prejudicou a produção local.

Em 1826, a Rússia invadiu o Irã. O czar almejava expandir seu território e conseguir uma saída ao Golfo Pérsico. Os russos infringiram dura derrota ao Irã em 1827, em consequência da qual foi firmado o tratado de Turkomanchai, que concedia à Rússia czarista a terra ao norte do rio Aras, que demarca, atualmente, o limite entre os dois países. O descontentamento contra a monarquia iraniana derrotada encontrou sua expressão em um movimento de massas. Em 1844, foi brutalmente reprimida a revolta de Bab, mas o movimento criou uma tradição revolucionária, preservada por várias seitas religiosas, como o movimento *bahai*. A partir de então houve novas revoltas contra a política externa *qajar*, que favorecia investimentos estrangeiros, o que sucedeu, por exemplo, quando o governo fez concessões à Empresa Britânica de Tabaco.

Em 1856, o Irã tentou recuperar seu antigo território no noroeste do Afeganistão, mas a Inglaterra lhe declarou guerra e, em 1857, o país teve que assinar um tratado de paz no qual renunciava a qualquer pretensão sobre o Afeganistão. Entre 1860 e 1870, diversos países europeus começaram a concentrar seus esforços em obter concessões econômicas do Irã, conseguindo bons resultados: o sistema de telégrafos, por exemplo, foi concedido a empresas inglesas em 1860.

Em 1872 o xá Nasir-Al-Din praticamente vendeu o país. Nasir cedeu ao barão Julius de Reuter, pioneiro das agências de notícias que levam seu nome, o direito exclusivo de comandar as indústrias do país, irrigar as fazendas, explorar os recursos minerais, expandir as estradas de ferro e linhas de bonde, criar seu banco nacional e emitir sua moeda. O xá vivia distante da realidade de seu país e de seu povo; pareciam lhe interessar só as mulheres de seu harém e as festas nababescas, mesmo que para isso fosse necessário leiloar o país. Nos anos seguintes concedeu aos empresários ingleses o direito de prospecção de minérios, assim como o de abrir bancos, e aos russos garantiu a exclusividade na exploração do caviar. Todas as riquezas do país estavam em mãos estrangeiras. O crescente predomínio estrangeiro na economia daria origem a novos movimentos nacionalistas.

Em 1891, afundado em dívidas, Nasir-Al-Din foi longe demais: vendeu a nativa e artesanal indústria de tabaco aos ingleses. Os iranianos plantavam o tabaco em pequenas propriedades enquanto outros cuidavam do beneficiamento do produto. Tomar a produção artesanal dos nativos e entregá-la a estrangeiros foi uma afronta que intensificou o sentimento nacional iraniano, já espicaçado por tantas concessões a interesses alienígenas. Em represália, o boicote ao fumo foi total. O país parou de fumar em protesto à venda do patrimônio iraniano a estrangeiros. A chamada "Revolta do Tabaco" foi o começo do fim da subserviência do povo ao absolutismo *qajar*. Entre 1890 e 1912, antecipando os desenvolvimentos futuros da revolução democrática, começaram a surgir acordos políticos entre os *ulema* (dirigentes religiosos) e as lideranças laicas da oposição antimonárquica.

A influência do imperialismo britânico e da Rússia czarista aumentara durante a segunda metade do século XIX. O filho de Nasir-Al-Din, este assassinado em 1896, deu continuidade à política do pai. Em 1901 vendeu ao londrino William Knox o direito exclusivo de procurar e explorar o petróleo que encontrasse em solo iraniano. Knox descobriu reservas de petróleo, atraindo a atenção do governo britânico.

O dinheiro obtido nessas transações não foi utilizado produtivamente, mas grande parte foi gasta em três extravagantes e dispendiosas viagens à Europa, que o xá e sua corte fizeram entre 1900 e 1905. O descontentamento com o governo transformou-se em oposição organizada. Em 1900 e 1901, em Teerã e outras cidades começaram a atuar sociedades secretas. Estas passaram a distribuir panfletos revolucionários convocando a população a se manifestar, o que motivou uma onda de repressão. Surgiu uma nova coalizão política, reunindo dirigentes religiosos, membros da corte e progressistas laicos, que lutava para derrubar o xá, acusado de vender o Irã aos russos.

Uma empresa britânica, a Anglo-Persian Oil Company, passou a controlar os campos petrolíferos do sudoeste do Irã. Governos fracos com os estrangeiros, e autoritários com a população local, levaram o Irã a ser literalmente partido ao meio. Em 1907, Grã-Bretanha e Rússia dividiram o país entre si. Os britânicos ficaram com o sul e os russos com o norte. Uma faixa entre as duas áreas foi declarada como de autonomia iraniana, limitada pelos interesses estrangeiros. O governo iraniano não foi sequer consultado, mas apenas informado, do acordo, assinado em São Petersburgo.

Entretanto, em quase todo o Oriente, Rússia e China principalmente, setores da população rebelavam-se contra os governos autocráticos. No Irã, houve insurreições populares em diversas regiões. A chamada "revolução constitucionalista" ocorreu no marco de uma crise internacional, pautada pela guerra russo-japonesa (1904-1905) e pela revolução de 1905 na Rússia.

A revolução constitucionalista iraniana começou em dezembro de 1905, quando um amplo grupo de *mulás* e artesãos se refugiou na mesquita real de Teerã. Os opositores sabiam que a Rússia interviria contra qualquer tentativa de derrubar ou ameaçar o governo do xá, mas na ocasião a Rússia estava ocupada com a guerra e depois com a revolução. Era, pois, um bom momento para agir. Ademais, causou grande impressão ver o único poder constitucional asiático, o Japão, derrotar a Rússia, a grande potência europeia não constitucional, fazendo surgir no Irã, como em outros lugares da Ásia, a ideia de que a Constituição era o segredo de sua força.

Em 1906, a monarquia foi obrigada, por isso, a implantar algumas reformas constitucionais. O movimento em favor da reforma democrática era dirigido por uma aliança instável de comerciantes (o *bazaar*) e de instituições religiosas, apoiados por setores das classes urbanas mais pobres. A monarquia viu-se obrigada a conceder alguns direitos democráticos, como uma limitada liberdade de expressão, de associação e de reunião. Aos comerciantes concedeu-lhes direitos limitados de representação no *majilis* (parlamento).

Em 1908, em pleno período constitucional, teve início a produção extensiva de petróleo. O Irã, inicialmente, só produzira seda e têxteis, depois a produção de tapetes persas permitiu o desenvolvimento de indústrias nesse setor, acarretando o fortalecimento de uma classe comercial. Em fins do século XIX e inícios do século XX, como vimos, houve uma onda de investimentos estrangeiros, junto com o aumento da participação de capitalistas locais nos setores mais modernos da produção, na construção de estradas, nas indústrias pesqueiras do mar Cáspio e nas comunicações (telégrafo). Entretanto, a maior parte dos produtos manufaturados era ainda fabricada pelos artesãos em minúsculas oficinas, havia também atividade de maior porte como as empresas de mineração e oficinas gráficas. A maior fábrica de tapetes se encontrava em Tabriz e empregava 1.500 trabalhadores.

Em 1908, descobriu-se petróleo no Kuzistão, na mesma época em que a construção de estradas de ferro favorecia a integração territorial e econômica. Dava-se o passo decisivo para a penetração das relações capitalistas no país. Estas vieram de mãos dadas com a penetração do capital inglês, que explorou a indústria petroleira iraniana, com fabulosos lucros: entre 1912 e 1933, a Anglo-Persian Oil Company (Apoc) conseguiu lucros de 200 milhões de libras, das quais o governo do Irã só recebeu 16 milhões em comissões diretas.[4]

Em 1920, a indústria iraniana empregava 20 mil trabalhadores, em 1940, 31.500, sendo uma das maiores concentrações operárias do Oriente Médio. Em 1925 o xá adotou um programa que tentava proteger as indústrias locais e dar incentivos públicos aos empresários privados. O Estado se financiava com a renda do petróleo e com os impostos, não precisando recorrer a empréstimos externos. Parte dos ingressos foi usada para a defesa e modernização do Estado e do Exército. O programa de incentivos públicos ao setor privado consumiu 260 milhões de libras entre 1920 e 1940. A partir de 1930 surgiram novas indústrias, com centenas de pequenas fábricas têxteis e

---

[4] Na primeira metade do século XX, o mercado internacional de petróleo foi dominado pelas *sete irmãs*, as primeiras cinco americanas: Standard Oil de New Jersey, agora conhecida como Exxon; Standard Oil da Califórnia, agora conhecida como Chevron; Gulf, agora parte da Chevron; Mobil e Texaco; uma britânica (British Petroleum) e uma anglo-holandesa (Royal Dutch-Shell). Estas empresas, primeiro, obtinham controle de seus mercados domésticos mediante a integração vertical (controle de oferta, transporte, refinamento, operações de mercado, além de tecnologias de exploração e refinamento) para em seguida expandir para mercados estrangeiros, nos quais obtiveram condições extremamente favoráveis. Tal oligopólio foi capaz de dividir mercados, estabelecer preços mundiais e discriminar terceiros. A primeira época de maior dificuldade para as irmãs foi a da Grande Depressão, posteriormente à qual os preços caíram sensivelmente. O oligopólio tentou controlar (garantir um piso) para os preços internacionais, mas sem sucesso. Os Estados Unidos, então os maiores produtores mundiais, que exportavam para a Europa e outras regiões, foram bem-sucedidos em criar pisos mediante regulação da produção. O estado do Texas, o maior produtor dentro dos Estados Unidos, e em especial sua Railroad Comission, foram particularmente influentes nesse processo.

de produtos para alimentação e de material de construção, em Ispahan, Kerman, Yazd e Teerã. A classe operária aumentou em número.

O crescimento industrial, no entanto, foi muito desigual. As indústrias modernas limitavam-se às principais cidades: Teerã, Tabriz, Ispahan, Kerman e no Kuzistão, para abastecer a indústria petroleira. O capital industrial ainda era fraco diante do capital comercial, que continuava a ter papel predominante na economia. O atraso industrial alimentava um desenvolvimento econômico desigual, combinando as formas econômicas e sociais mais avançadas com as mais primitivas, modernas fábricas petroquímicas coexistiam com cidades sem eletricidade. Indústrias que utilizavam tecnologia de ponta coexistiam lado a lado com pequenos artesãos que ainda empregavam métodos tradicionais, mantidos inalterados ao longo de séculos. A vida urbana oferecia semelhante espetáculo de contrastes.

Com a indústria, nasceu o movimento operário no Irã, que praticamente começou na Rússia antes da revolução de 1917, nos campos petroleiros de Baku. O regime czarista empregava milhares de trabalhadores imigrantes iranianos, que trabalhavam junto com os russos, azeris e armênios, entrando em contato com a propaganda e agitação social-democrata, inclusive bolchevique. Quase 50% dos trabalhadores dos campos de Baku eram iranianos; os bolcheviques eram ativos nos sindicatos dos petroleiros. Por intermédio dos operários iranianos de Baku chegou ao Irã o apelo do *Manifesto Comunista*: Proletários do mundo uni-vos (*kargaran-e-Jahan Mottahad Shaweed*).

Iskra (*A Faísca*), o jornal bolchevique, chegava a Baku pela Pérsia. Bolcheviques participaram do movimento *Mashrutiat* (constitucional) entre 1906 e 1911. Gartovk, embaixador russo no Irã, denunciou que o comandante de artilharia Sattar Khan (dirigente da rebelião em Tabriz) era um marinheiro do encouraçado Potemkin que tinha fugido da Rússia via Romênia. Em 1909, revolucionários russos, chefiados por Sergo Orkjonikidze, georgiano que depois seria dirigente do governo soviético, chegaram ao Irã. Os bolcheviques transcaucasianos desempenharam papel importante na difusão do marxismo no Irã, durante o movimento constitucionalista contra a dinastia *qajar*. O movimento social-democrata iraniano foi dominado principalmente por tendências afins ao populismo russo.

A organização partidária foi mais demorada. Inspirados pelo modelo do partido socialista turco Edalet, fundado na clandestinidade, militantes iranianos iniciaram suas atividade no país, sob a orientação de Ahmed Sultan Zadeh (Sultanzadé), que vivia na Rússia havia muitos anos e era membro do partido russo. Havia diversas tendências no grupo *Hemmat* (Ambição), formado por exilados iranianos em 1904, coordenados com o Partido Operário Social-Democrata Russo (PSODR). O grupo participou do movimento *Mashrutiat*. Uma cisão formou o grupo *Mujahideen* (Lutador), reivindicando entre outras coisas um *majilis* (parlamento), direito ao voto universal, liberdade de imprensa e reforma agrária. Em 1916, começaram a colaborar com o partido bolchevique. Os velhos exilados, junto com o *Mujahideen*, formaram o Hezb-e-adalat (Partido da Justiça), que seria a coluna vertebral do futuro Partido Comunista.

A província de Ghilan era governada por Mirza Kütchik Khan, um constitucionalista, chefe do movimento nacional-revolucionário, veterano dos anos 1910 e de lutas em comum com Sergo Ordjonikidze. Descrito como "um chefe provincial antibritânico reconhecido por Moscou", M. N. Roy, o marxista indiano que redigiu (com Lenin) as "Teses sobre a questão nacional e colonial" da Internacional Comunista, o qualificou como um *mulámulá*, "bandido pintado de vermelho". Foi com a chegada do membro do escritório oriental do Comintern (Internacional Comunista), o conhecido marinheiro F. Raskolnikov, que se constituiu a "República Socialista do Ghilan". Foi aí que se realizou, em 20 de junho de 1920, o congresso constitutivo do Partido Comunista do Irã.

Dentro do partido, destacaram-se duas tendências rivais, a de Sultanzadé, que apoiava a revolução agrária como condição absoluta da vitória, e a de Haidar Amugli, apoiada mais tarde por Stalin, que valorizava o apoio dos Khan, grandes proprietários. O racha contou com a interferência direta de Stalin. Após uma sucessão de lutas internas bastante violentas, a executiva do Comintern conseguiu unificar momentaneamente o partido, com a chefia de Sultanzadé.

O governo soviético surgido da Revolução de Outubro publicou tratados secretos que revelavam a política expansionista colonial do czar no Irã, com a colaboração das democracias ocidentais. Em abril de 1920, os revolucionários do Azerbaijão formaram seu próprio governo. Em Ghilan e Khorassan, houve insurreições contra o regime de Teerã, com a criação de repúblicas independentes. Em 1921, os sindicatos da indústria do petróleo já contavam com 20 mil filiados; criou-se uma central sindical e até um "Exército Vermelho da Pérsia".

Mas o PC do Irã era fraco e bastante dividido. Participou do Congresso dos Povos do Oriente, realizado em Baku em 1920, por iniciativa da Internacional Comunista, com 204 delegados. A delegação iraniana mostrou-se dividida no Congresso. A derrota da República Soviética de Ghilan causou frustração e confusão, e mais divisões, chegando a haver dois Comitês Centrais no Partido. A agitação e greves revolucionárias continuaram na década de 1920, obtendo conquistas como a redução da jornada de trabalho de 12 para 9 horas nos principais centros industriais. Mas um novo governo, na verdade um novo regime político, imporia, na década de 1930, uma derrota duradoura ao ainda numericamente fraco movimento operário.

3. A DINASTIA PAHLEVI
E O NACIONALISMO IRANIANO

Na Idade Moderna, o Oriente Médio ficara submetido ao Império Turco-Otomano, domínio que terminou formalmente com a Primeira Guerra Mundial. Mas a independência dos vários países ainda estava distante: Grã-Bretanha e França assumiram o controle e dividiram a região, alimentando, em reação, o nacionalismo árabe. No Irã, entre 1908 e 1953, se produziu a plena integração do país ao mercado mundial. Houve aumento da demanda mundial e da produção petroleira, certa industrialização, crescimento e concentração da classe operária. Aos poucos, aumentou a parte do Irã na renda procedente do petróleo. Houve várias insurreições entre 1941 e 1953, e o período finalizou com a ascensão e queda do movimento nacionalista de Mossaddegh (1951-53).

Em 1916, França e Grã-Bretanha, assinaram um acordo secreto, Sykes-Picot, que, com a fragmentação do Império Otomano, transformou o Oriente Médio em "zona de influência permanente" franco-britânica. Durante a Primeira Guerra Mundial, o Irã se converteu em campo de batalha, apesar de ter declarado sua posição de neutralidade. O czarismo russo queria defender seus fornecimentos de petróleo em Baku e no mar Cáspio, travando batalha contra os turcos no noroeste do Irã. A Inglaterra, por sua vez, defendia seus interesses nos campos petrolíferos do Khuzistão. Em 1921, Seyec Zia-al-Dian Taba Tabai, dublê de jornalista e político, e Reza Khan, oficial de cavalaria, derrubaram a dinastia *qajar*. No ano anterior, Reza Khan sufocara uma revolta no Norte, comandada pelo Partido Comunista do Irã.

O golpe de 1921 foi apoiado nos bastidores pela Inglaterra, que renunciara às pressões para impor um tratado colonialista firmado com a dinastia deposta em 1919, e concentrara-se em promover um governo conservador que impusesse "lei e ordem" no conturbado Irã, um governo que principalmente se opusesse à expansão da revolução soviética da vizinha Rússia (Ghilan e o Azerbaijão foram invadidos pelo Exército Vermelho, enquanto este perseguia as forças dos chamados "brancos" na guerra civil russa).

Seyec Zia-al-Dian Taba Tabai prometeu uma reforma agrária, industrialização, reformas políticas e o fim do Tratado Anglo-Persa. Mas o homem forte do regime era Reza Khan, ministro da Guerra, e chefe da única instituição armada moderna e disciplinada do país. Em outubro de 1925, Reza Khan deu um golpe militar e instaurou uma ditadura, fazendo com que o Parlamento o nomeasse xá da Pérsia, transformando-se no fundador de uma nova dinastia, a *Pahlevi*. Treinado nas brigadas cossacas, Reza, à frente de um grupo de oficiais de sua confiança, passou a governar com mão de ferro, como seu ídolo Kemál Atatürk, o modernizador da Turquia. Assim como o líder turco, reprimiu a religião e estimulou o culto à sua personalidade. Aplicou sua vontade pelo terror exemplar, por castigos públicos, mas, por outro lado, diminuiu a influência estrangeira, proibindo a venda de terras a não iranianos, e revogou a concessão britânica para produzir moeda nacional. Construiu fábricas, portos, hospitais, edifícios, avenidas, introduziu o sistema métrico e o casamento civil. Em 1935, anunciou que não mais aceitaria que o país fosse chamado de Pérsia, como era conhecido no exterior. Dali por diante a nação seria conhecida pelo nome usado pela própria população: *Irã*.

Durante seus vinte anos no poder, reprimiu separatismos curdos, baluchis, qashquis e também acabou com o governo semiautônomo do árabe Sheikh Khazal, que contava com a proteção britânica no Khuzistão.

Em fins da década de 1930, mais da metade do comércio externo iraniano era realizada com a Alemanha, que fornecia ao Irã o maquinário destinado ao programa de industrialização. O xá Reza não escondia sua simpatia pelo nazifascismo, o que fez os Aliados temerem a possibilidade de o Irã se tornar uma plataforma para ataques à União Soviética e intervirem durante a nova guerra que visivelmente se aproximava.

Com o começo da Segunda Guerra Mundial, em 1939, o Irã se declarou neutro. A questão era quem utilizaria a estrada de ferro transiraniana para transportar material de guerra, até ou desde a União Soviética. Em 1941, depois da invasão da União Soviética pela Alemanha, tropas britânicas e soviéticas invadiram o Irã, para não perder a sua principal fonte de abastecimento de petróleo. Reza Pahlevi se exilou nas ilhas Maurício e abdicou em favor de seu filho, Mohammed Reza Pahlevi. O novo xá permitiu que ingleses e russos utilizassem a estrada de ferro e mantivessem suas tropas no Irã até o fim da guerra. Mohammed Reza Pahlevi fora educado em Londres e nem sequer falava persa (farsi). Os interesses britânicos no país fizeram que o novo xá se tornasse um verdadeiro fantoche dos europeus, realizando suas vontades sem maiores resistências, especialmente na escolha dos primeiros-ministros, os governantes *de facto* no regime iraniano.

No fim da Segunda Guerra, o Oriente Médio foi um dos pivôs no desencadear da chamada Guerra Fria. Os elementos dessa situação, no entanto, começaram a se desenhar mesmo antes da guerra, inclusive no Irã. A Alemanha era influente na Turquia e, em maior medida ainda, no Irã. Turquia, Irã e Afeganistão construíram uma frente única contra a União Soviética mediante o pacto de Sadabad, em 1937.

O governo persa havia reafirmado formalmente sua neutralidade depois do ataque das tropas alemãs na União Soviética, em junho de 1941. Stalin temia a criação de uma segunda frente no Sul. A influência alemã na Pérsia foi um pretexto para a ocupação e o reparto da Pérsia em zonas de ocupação, levado adiante conjuntamente pela União Soviética e a Inglaterra. A ocupação estava limitada a uma duração de seis meses, a serem contados depois do fim da guerra, segundo o estabelecido no tratado com a Pérsia, de 29 de janeiro de 1942. Em 1944, depois de um período de negociações das firmas petrolíferas britânicas e americanas, a União Soviética manifestou igualmente interesse pelas concessões petrolíferas persas, mas as negociações fracassaram em outubro de 1944, pela resistência apresentada pelo governo persa (ou iraniano).

Meio ano depois do fim da Segunda Guerra Mundial, a União Soviética continuava ocupando o Azerbaijão. Sob a proteção de suas tropas, ela havia preparado a anexação dos territórios do norte da Pérsia, com ajuda do partido comunista Tudeh. O partido fora criado em 1942, por 53 quadros enviados de Moscou, e não dava continuidade ao antigo PC iraniano, destruído pela repressão nos anos precedentes. Em 1944, o Tudeh realizava atos em defesa de concessões petroleiras para a União Soviética no norte do país, admitindo que as do sul ficassem em mãos britânicas e americanas: era a chamada (pelo Tudeh) "política do equilíbrio positivo", consistindo em realidade no saque conjunto do país pela Grã-Bretanha, os Estados Unidos e a União Soviética.

Em dezembro de 1945, foi proclamada a denominada República Autônoma do Azerbaijão, com o premiê "J. J. Pishevari" (seu nome verdadeiro era Djafar Djavadov), que já tinha se destacado na República Socialista de Ghilan. Mas não houve uma cessão declarada à União Soviética. Quase ao mesmo tempo se constituiu também uma república popular curda no oeste do Azerbaijão (Mahabad).

Em 4 de abril de 1946, a União Soviética concluiu com o governo de Teerã um tratado – não ratificado – de cinquenta anos, sobre a exploração conjunta dos campos petrolíferos do norte do Irã. Depois do tratado, as tropas do Exército russo foram retiradas do norte da Pérsia. Para contrabalançar a ação da União Soviética, o governo de Teerã aceitou, em agosto de 1946, três ministros do partido comunista Tudeh e negociou com o governo Pishevari. A monarquia tentava uma política de colaboração de classes, tornada necessária diante da explosão, no fim da guerra, do movimento das minorias nacionais (especialmente curdos e azéris) na Pérsia[1] assim como da greve geral dos trabalhadores do petróleo, que foi levada ao impasse pelos sindicatos dirigidos pelo Tudeh, partido já presente no governo do primeiro-ministro Gavan.

Em fins de 1946, o governo iraniano deu um trágico final a essa política com a vitoriosa intervenção militar no Azerbaijão e mediante a sangrenta repressão do movimento curdo. Um suposto atentado contra o xá serviu de motivo para proibir o partido Tudeh. O exército imperial, sob ordem do governo de Gavan, entrou em Tabriz e massacrou o povo do Azerbaijão. A mesma sorte foi reservada à efêmera República de Mahabad.

O fim da Segunda Guerra Mundial possibilitou à União Soviética maior presença política na área do Mediterrâneo. Durante a guerra e imediatamente depois, a política soviética foi definindo seus objetivos estratégicos no Oriente Médio: influência nos negócios petrolíferos, estabelecimento de uma esfera de interesses no espaço árabe e criação de um *glacis* (cordão sanitário geográfico e estatal) diante do Ocidente.

A crescente pressão sobre a Turquia, o apoio soviético aos curdos iranianos, iraquianos e turcos, a guerra civil na Grécia, assim como os acontecimentos no Irã (Pérsia), produziram uma intensificação da intervenção americana na região e deram álibi para a revisão da política americana sobre a União Soviética, prefaciando a Guerra Fria. Aplicando a chamada "Doutrina Truman", de 12 de março de 1947, os Estados Unidos

---

[1] Afora as divisões religiosas, o Irã é um mosaico de grupos étnicos. O maior grupo étnicolinguístico é composto pelos persas, que representam 51% da população. A seguir destacam-se os azéri (24% da população), povo de origem turca que reside perto do Azerbaijão, agora também em Teerã. Os gilaki e mazandarani formam 8% da população e habitam, respectivamente, a costa ocidental e oriental do mar Cáspio. Os curdos, cerca de 7% da população, habitam a região da cordilheira de Zagros. A minoria árabe do Irã (3%) vive na região sudoeste do país, na província do Khuzistão. Outros grupos, representando cada um 2% da população, incluem os baluches (perto do Afeganistão e do Paquistão), os lur (que vivem na região central da cordilheira de Zagros) e os turcomanos (perto do Turcomenistão).

se comprometeram a "apoiar os povos livres que se opunham a se submeter ao jugo *de minorias armadas* ou de *pressões estranhas*" (grifo nosso). Como se vê, os Estados Unidos já se reservavam o direito de definir o que era uma "minoria", e o que era "estranho"...

No Irã, enquanto os britânicos enriqueciam, o país permanecia cada vez mais desigual socialmente. Na refinaria de Abadan, o salário era de 50 centavos por dia, sem direito a férias remuneradas, licença por doença ou indenização por invalidez. As condições de vida eram extremamente insalubres, não havia água encanada nem eletricidade. No inverno, as chuvas causavam alagamentos e moscas infestavam os vilarejos. No verão, o teto dos barracos, feito de barris de petróleo enferrujados, sufocava os moradores, enquanto os administradores da Anglo-Iranian viviam em enormes casas com ar-condicionado, piscinas e belos jardins.

A população de Abadan revoltou-se contra as condições desumanas a que era submetida. Os protestos chegaram ao *Majilis*, que passou a exigir um contrato em melhores termos com os britânicos. Estes fizeram uma proposta, o Acordo Complementar, que, apesar de algumas melhorias – como a redução da área a ser explorada –, não oferecia algo a que os iranianos aspiravam: treinamento para cargos mais elevados nas companhias e abertura dos livros da empresa para auditores iranianos. Outra exigência era a de um acordo econômico mais justo: em vez de receber apenas 16% do lucro da empresa, o deputado Abbas Iskandari propôs que, ao exemplo do acordo recém-firmado entre norte-americanos e sauditas, a Grã-Bretanha dividisse os lucros pela metade com o Irã. Mas os ingleses menosprezaram os iranianos, o que contribuiu para o crescimento de lideranças nacionalistas.

Depois da saída das tropas estrangeiras do território iraniano, as pressões internas obrigaram o novo xá a nomear como primeiro-ministro Mohammed Mossadegh,[2] líder do grupo

---

[2] A indicação de Mossadegh pelo *Majilis* fora feita com só um voto de maioria.

parlamentar nacionalista e próximo à hierarquia islâmica xiita. O *Majilis* votara em favor da nacionalização da indústria petroleira, mas o primeiro-ministro negou-se a pôr em prática a nacionalização, sendo destituído e substituído por Mossadegh. A situação era crítica, em março os *Fedayin Islam*, seção iraniana da Irmandade Muçulmana (fundada em 1920, após a dissolução do Império Otomano), haviam executado o general Razmara, responsável pela repressão dos anos precedentes.

De 1945 e 1950, a Apoc pagara apenas 90 milhões de libras ao governo do Irã, conseguindo benefícios de 250 milhões. Em 1947, havia somente 175 grandes empresas empregando 100 mil trabalhadores. Vinte e cinco anos depois, havia 2,5 milhões de trabalhadores em manufaturas, um milhão nas indústrias da construção e aproximadamente o mesmo número na indústria do transporte e outras. O Irã estava em transição, metade industrializado, metade colonial. Uma vigorosa classe trabalhadora fora forjada em apenas uma geração.

O governo de Mohammed Mossadegh levou o Irã à nacionalização do petróleo. O apoio popular a Mossadegh, eleito em 1951, foi esmagador, beirando os 100%. A crise agravou-se quando Mossadegh, ao descobrir que os britânicos conspiravam contra ele, rompeu relações diplomáticas com a Grã-Bretanha, expulsando todos os seus representantes. Nesse momento, os Estados Unidos fizeram sua entrada no processo e o presidente do país, Harry Truman, tentara contemporizar, ou seja, fazer com que os britânicos aceitassem a nacionalização, em nome da "autodeterminação dos povos"; era, na verdade, a arma política que os Estados Unidos usavam para substituir a Grã-Bretanha na região (o país era então admirado no Irã, o "Grande Satã" da época era a Grã-Bretanha).[3]

---

[3] Stephen Kinzer relata que a participação inglesa no golpe contra o governo nacionalista iraniano teve inesperada consequência... literária (ou melhor, editorial). Monty Woodhouse, o agente britânico cuja missão clandestina a Washington em janeiro de 1952 lançou as bases para a operação golpista (ainda chamada de Operação Pontapé), retornou depois a seu país, onde foi guindado à

Mas também eram tempos iniciais da Guerra Fria: o democrata Truman foi substituído pelo republicano Dwight Eisenhower, um militar que logo foi convencido pelo escritório da CIA em Teerã (liderado por Kermit Roosevelt, neto do lendário presidente norte-americano Theodore Roosevelt) de que o Irã estava entrando em ebulição e prestes a cair na órbita soviética, o que poderia significar uma crise no abastecimento de petróleo. Com o temor anticomunista crescendo cada vez mais nos Estados Unidos, os golpistas da CIA não tiveram dificuldade em convencer Eisenhower de que o Irã estava prestes a se tornar um país comunista, fenômeno que poderia espalhar-se pela região e se tornar um desastre político imenso para os Estados Unidos.

No início da década de 1950, Truman, em seu país, em repetidas reuniões com o xá, advertira-o da necessidade de melhorar as condições de vida de sua população – a que o xá não dera ouvidos. Sua obsessão era tornar o Irã a maior potência bélica da região, já que, como chefe das Forças Armadas, seu único trunfo para manter-se no poder era o Exército.

Por outro lado, o nacionalismo de Mossadegh mostrou rapidamente as suas limitações de classe. As plenas liberdades democráticas, apesar de serem reivindicadas pelo movimento popular, não foram concedidas. O Partido Tudeh, posto na ilegalidade desde 1949, não foi legalizado, sua atividade continuou sendo semiclandestina. Mossadegh não executou a reforma agrária e ainda fez passar uma lei de interdição das greves.

O movimento popular, de cunho nacionalista, começou então a refluir. A situação foi aproveitada pelos agentes dos Estados Unidos e da Grã-Bretanha. Turmas de provocadores foram contratadas para fazer arruaças no centro da cidade, em

---

condição de par do reino como lorde Terrington. Tornou-se membro conservador do Parlamento e editor-chefe da respeitada *Penguin Books*. Sua grande paixão no fim da vida era a história da Grécia e Bizâncio, sobre a qual escreveu. Redigiu também um livro de memórias em que falou francamente sobre seu papel no golpe do Irã e sobre suas consequências.

nome de Mossadegh. A depredação, o vandalismo, o suborno de jornalistas para manipular a opinião pública, aliados ao embargo imposto ao país pela Grã-Bretanha, foram os meios da preparação golpista. O Partido Tudeh e outras forças de esquerda reclamaram armas contra o golpe, que Mossadegh recusou entregar, "para não destruir o Exército".

Em 19 de agosto de 1953, provocadores pagos com dólares e oficiais comprados com promessas de cargos marcharam rumo à casa de Mossadegh. O primeiro-ministro fugiu e o escolhido dos britânicos, general Zahedi,[4] assumiu em seu lugar. O xá, que se encontrava refugiado em Roma desde o início da agitação política, foi chamado para retornar. O papel dos Estados Unidos no golpe, conhecido internamente na CIA como "Operação Ajax", só se tornaria público décadas depois do fato consumado. Na época, as agências e os jornais internacionais "sérios" noticiaram que uma grande manifestação popular derrubara Mossadegh, retratado como intransigente e fanático. Em 1980, quase trinta anos depois, o próprio Kermit Roosevelt revelou os detalhes do golpe em seu *Countercoup: Struggle for Control in Iran*.

Daí em diante o xá Reza Pahlevi passou a governar como um ditador. Não foi apenas um golpe, foi uma mudança de regime, como bem notou o futuro ministro Houchang Nahavandi, em livro retrospectivo sobre a revolução. Doravante, o xá não somente reinaria, ele também governaria. O Irã deixava de ser uma "monarquia constitucional" (ao menos formalmente) no estilo inglês, com o xá nomeando o primeiro-ministro por indicação parlamentar, mas sem interferir no gabinete, e passava a ser uma ditadura monárquica com cobertura parlamentar, de um parlamento esvaziado de conteúdo e poder. E assim seria pelo próximo quarto de século, com consequências extraordi-

---

[4] Na revolução de 1979, o mesmo Zahedi teria papel importante (na contrarrevolução) como embaixador iraniano nos Estados Unidos, e agente de ligação com a CIA, "qualidade" que conquistou no golpe de 1953. Ver capítulo seguinte.

nárias e contradições insolúveis, que a revolução de 1979 traria definitivamente ao centro do palco da história.

A Anglo-Iranian teve de dividir seu patrimônio com mais cinco companhias americanas, uma holandesa e uma francesa. A nova companhia, que manteve o nome dado por Mossadegh – Companhia Nacional Iraniana de Petróleo (ou Nioc, em inglês) –, concordou em dividir ao meio seus lucros com o Irã, mas manteve a negativa de abrir os livros da empresa a iranianos e a aceitá-los em seu Conselho Diretor. Os ingleses consideravam um insulto ter que negociar com "nativos ignorantes" e ainda diziam abertamente que a Grã-Bretanha tinha missão civilizadora nos países que dominava. Desumanizavam os colonizados e apenas conviviam com a elite local, submetida a seus interesses, ignorando as péssimas condições de vida a que era submetida a maior parte da população.

Stephen Kinzer, em *All the Sha´s Men*, defende a tese de que o golpe de 1953 foi a raiz do terrorismo e do antiamericanismo no Oriente Médio, e de que se pode traçar uma linha de continuidade (causa-efeito) direta entre a Operação Ajax e os atentados de 11 de setembro de 2001. Em 1953, os Estados Unidos, havia pouco, surgiam como uma das duas superpotências do planeta e começavam a saborear o poder de derrubar ou modificar regimes mundo afora. O sucesso da Operação Ajax levou a tentativas similares na Guatemala, em Cuba, na Nicarágua e ao apoio a ditaduras militares sul-americanas, nos anos 1960 e 1970. O golpe de 1953 fez que os iranianos vivessem durante 26 anos sob um regime brutal.

Quanto aos articuladores iranianos do golpe contra Mossadegh, o mesmo Kinzer informa que Asadollah Rashidian, cuja rede subversiva de jornalistas, políticos, *mulás* e chefes de gangues foi crucial para o sucesso da Operação Ajax, prosperou nos anos que se seguiram ao golpe. Ele e os irmãos permaneceram em Teerã, onde seus negócios floresceram sob o patrocínio do xá. Sua casa transformou-se em um salão, onde políticos e outras figuras importantes passavam as noites discutindo o futuro do país. Em meados da década de 1960, o xá passou a ver como um incômodo a presença em Teerã de uma figura tão bem relacionada e sabedora de tantos segredos. Rashidian mudou-se para a Inglaterra, para viver em conforto os anos que lhe restavam. Foi bem-recebido, afinal ele garantira ainda algumas décadas de espantosos lucros para a Aioc, parte da *British Petroleum*, que existe até hoje.

Mas foi outra a sorte do general Nasiri, oficial que liderou um primeiro golpe fracassado contra Mossadegh e o qual desempenhou papel importante no golpe final. Depois da queda de Mossadegh, Nasiri foi durante anos o fiel comandante da Guarda Imperial. Sua disposição e discrição no cumprimento das ordens do xá o levaram, em 1965, ao comando da brutal Savak, cargo onde durante mais de uma década fez todo o serviço sujo do regime. Acusado de crimes hediondos, foi depois afastado do cargo pelo xá como uma forma de tentar apaziguar a oposição.[5]

Shaban, o Desmiolado, líder dos provocadores que assolaram Teerã durante agosto de 1953, foi presenteado pelo xá com um carro Cadillac conversível. Tornou-se uma figura conhecida em Teerã por dirigir o carro lentamente pelas ruas da cidade, com uma pistola de cada lado da cintura, pronto para saltar e atacar qualquer indivíduo que lhe parecesse favorável a Mossadegh ou contra o xá. Os agentes da Savak o convocavam de tempos em tempos para aplicar surras, torturar e intimidar pessoas.

O xá retornara ao poder, dando início ao seu reinado pessoal e continuidade ao domínio da Companhia Anglo-Iraniana de Petróleo (Aioc), sob outro nome. Reza Pahlevi tentou legitimar a dinastia fundada por seu pai, Reza Khan, valendo-se da usurpação de títulos dos antigos imperadores persas,

---

[5] Em 1979, nas vésperas da revolução, dizendo-se chocado com os relatos de que a Savak abrigava torturadores, o xá mandou seu velho amigo para a prisão. Logo depois da revolução, Nasiri foi enviado pelos guardas islâmicos para o pelotão de fuzilamento. Os jornais de Teerã publicaram as fotos de seu cadáver ensanguentado.

proclamando-se "A Luz dos Arianos" e mantendo-se no poder pelo uso cada vez maior da repressão política. No vizinho Iraque, em 1955, a consolidação da Guerra Fria levou o governo de Abdul-Ilah a romper relações com a União Soviética, aprofundar a repressão anticomunista, subscrever o "pacto de Bagdá" com Grã-Bretanha, Turquia, Irã e Paquistão. O acordo previa a instalação de uma rede de bases militares estrangeiras, garantindo a exploração petrolífera colonial em toda a região.

Em 1957, foi criada a sangrenta Savak, polícia política. Antes disso, em 1956, o xá visitara Moscou, estabelecendo relações comerciais. Em 1967, a União Soviética transformar-se-ia em importante fornecedora militar da ditadura do "luminar dos arianos". A própria China entraria no jogo, abrindo em 1971 sua embaixada em Teerã.

No Irã, foi feita uma "reforma agrária", enriquecendo os donos de terra, que receberam enormes compensações, com as quais eles foram encorajados a investir em novas indústrias. Os principais atingidos foram os camponeses pobres. Mais de 1,2 milhão deles tiveram suas terras expropriadas, levando-os à fome e ao êxodo para as cidades, onde ofereciam trabalho barato para os novos capitalistas. Sessenta e seis por cento dos trabalhadores da indústria do tapete na cidade de Mashad tinham idade entre seis e dez anos, enquanto em Hamadam o dia de trabalho era de estafantes dezoito horas. Apesar de um piso mínimo salarial que havia sido garantido pelo regime, 73% dos trabalhadores ganhavam menos que isso.

4. A crise do petróleo e os antecedentes da Revolução

Em 1960-61, reaparece a crise política como consequência da fraude nas eleições para o *Majilis*. O mal-estar político e econômico levou a uma greve geral que foi reprimida brutalmente pela Savak. O xá decidiu implantar o programa da "Revolução Branca", a reforma agrária e outras medidas supostamente "educativas e sanitárias": era um "plano de desenvolvimento", ideia então em voga nos países "subdesenvolvidos", que beneficiava somente uma elite urbana em detrimento da maioria da população que vivia na zona rural, que não possuía sequer luz elétrica ou água encanada. O governo, em vez de reinvestir os lucros dos seus projetos em programas sociais, passou a investir em tecnologia militar de ponta, tornando-se, em pouco tempo, o maior comprador mundial da produção bélica norte-americana. Assim, aumentou o fosso entre a classe dominante e a maioria pobre da população.

Em outubro de 1962, o gabinete do governo do xá aprovou um projeto de lei para os conselhos das cidades e províncias. O projeto era laico e "pluralista". O xá proibiu o uso do véu pelas mulheres, fazendo que muitas delas, desacostumadas com tal situação, vivessem confinadas em suas casas. A censura ao clero e a invasão a uma escola religiosa, onde setenta estudantes foram mortos pelas forças do xá, também contribuíram para a sua imagem de "inimigo do Islã". Até então, a Constituição do país ordenava a todos os eleitos para o Parlamento (*Majilis*) que seguissem o "Islã", o que foi omitido na lei proposta, segundo a qual, o representante eleito poderia jurar sob qualquer escritura sagrada que desejasse, não necessariamente o Corão. Protestos na "cidade sagrada" de Qom surgiram então contra o xá. O imã Khomeini ligou para o primeiro-ministro Alam e protestou com veemência. Mas, publicamente, protestou também contra a tortura e as prisões, e também contra o apoio do governo iraniano a Israel e sua submissão aos interesses dos Estados Unidos.[1]

Os religiosos de Qom propuseram uma greve geral. Foi declarado o estado de emergência em Teerã. Dois meses depois, o primeiro-ministro anunciou a anulação do projeto de lei.

Já em 1963, os religiosos de Qom declararam que os muçulmanos não poderiam celebrar o Ano Novo iraniano, porque o aniversário do martírio do imã As-Sadig cairia no segundo dia do ano. Na manhã do segundo dia do mês de *Farvadin* (primeiro mês do calendário iraniano), agentes da Savak chegaram a Qom, acompanhados por veículos do Exército fortemente armados. Os agentes do xá abriram fogo contra o povo (inclusive contra os clérigos muçulmanos).

Tão logo Khomeini recebeu as notícias do ocorrido, dirigiu-se ao povo:

> Fiquem calmos, vocês são seguidores de líderes em vossa religião que sofreram grandes atrocidades. Tal afronta serve como um bumerangue. Diversas grandes personalidades do Islã morreram para que o Islã fosse mantido e confiado a vocês.

---

[1] Ruhollah Khomeini (آیت‌الله خمینی) em persa, ou farsi) (1900-1989) foi o aiatolá xiita iraniano líder espiritual e político da revolução iraniana. É considerado o fundador do atual estado "islâmico" iraniano, e governaria o Irã desde a deposição do xá até sua morte em 1989. Nasceu na cidade de Khomein como Ruhollah Mousavi (موسوی) em persa) em 1900. Filho de migrantes indianos, começou a estudar teologia em Arak aos 16 anos. Lecionou na faculdade de Qom, onde recebeu o título de aiatolá (literalmente "espelho de Deus", na verdade um perito em religião/direito). Casou-se em 1929 e, apesar de a lei islâmica permitir a poligamia, teve uma só esposa. Antes do seu exílio, publicou *A revelação dos segredos*, criticando a dinastia do xá Reza Pahlevi, a quem acusava de desvirtuar o caráter islâmico do país. Preso em 1963, foi forçado a exilar-se na Turquia.

Khomeini foi ameaçado pela Savak para que não prosseguisse com os sermões na escola Faiziyyeh. Dias depois, tropas sitiaram Qom, invadiram a casa de Khomeini e o levaram a Teerã, onde permaneceu sob custódia na prisão de Qasr. Posteriormente foi transferido para a guarnição de Ishrat Abad. No dia seguinte, o povo em Qom tomou as ruas. Em Teerã, o bazar e a universidade foram fechados. Tropas abriram fogo, deixando muitas vítimas. Em diversas cidades e vilarejos explodiu uma greve geral. Em represália, cerca de 15 mil pessoas foram mortas em Teerã, e quatrocentas em Qom. O governo decretou a lei marcial. Mas a insurreição do dia 15 de Khordad ficou na memória coletiva.

A greve geral foi derrotada. Khomeini foi transferido da prisão para o escritório da Savak, em Davoodiyeh. A poucos dias do aniversário do massacre de Faiziyyeh, tropas ocuparam novamente Qom, porém Khomeini foi libertado da prisão e retornou a Qom. Em seu discurso, afirmou:

> Eles nos chamam de reacionários. Alguns jornais estrangeiros são subornados generosamente para dizerem que somos contra todas as reformas e tentamos conduzir o Irã à Idade Média. O *Ruhaniyat* (clero) opõe-se à adversidade sofrida aqui pelo povo. Queremos que eles mantenham a independência do país. Não queremos que eles sejam servos humilhantes dos outros. Tanto nós quanto o Islã não nos opomos à civilização. Vocês violaram todas as leis, tanto humanas quanto divinas. Os programas de rádio e a televisão estão com as suas estruturas danificadas. A imprensa envenena as mentes dos jovens... Vocês possuem especialistas militares israelenses. Vocês enviam estudantes iranianos a Israel. Nós somos contra tudo isso. Não nos opomos à liberdade das mulheres, mas não as queremos como bonecas feitas para atender aos propósitos masculinos. Seu sistema educacional está a serviço dos estrangeiros.

Em 1963, estudantes islâmicos foram violentamente atacados quando protestavam contra a abertura de um bar. O governo de Mansur, primeiro-ministro, encaminhou uma lei ao

Parlamento, com concessões extraterritoriais a países estrangeiros. A lei foi aprovada. Khomeini protestou e, em novembro de 1964, Qom foi ocupada novamente por tropas, que prenderam Khomeini novamente e o levaram para o exílio na Turquia. Tropas cercaram as casas dos líderes religiosos, o filho de Khomeini também foi preso e enviado para o exílio na Turquia alguns meses mais tarde. Após sua prisão e seu exílio em 1964, o protesto dos clérigos aumentou. Em resposta, o xá Pahlevi decidiu enfrentar os religiosos com violência, prendendo e matando manifestantes. Não se sabe quantos morreram nesta campanha: o regime de Pahlevi falou em 86 mortos; os religiosos afirmaram que foram milhares.

Enquanto isso, a irmã gêmea do xá, a princesa Ashraf, tornava-se celebridade internacional. Foi durante algum tempo presidente da Comissão de Direitos Humanos das Nações Unidas, onde defendeu o regime iraniano contra o que chamava de "alegações não comprovadas de torturas e assassinatos generalizados por parte da Savak".[2]

Entre 1963 e 1973, depois desses episódios, política e economicamente o Irã se manteve de certo modo estável. O aumento dos preços do petróleo favoreceu o crescimento econômico. De 1963 a 1967, a economia iraniana cresceu consideravelmente, graças aos aumentos e também à exportação de aço. A inflação cresceu no mesmo período e, embora a economia crescesse, o padrão de vida dos pobres e das classes médias urbanas não melhorava. Em vez disso, apenas a rica elite e os intermediários das companhias ocidentais se beneficiavam. O governo também gastava grandes somas na compra de armamentos modernos, particularmente dos Estados Unidos.

A articulação dos principais países produtores de petróleo deu-se nessa época, tendo inicialmente por objetivo evitar

---

[2] Depois da revolução de 1979, consolada por sua parte dos bilhões de dólares que a família contrabandeara do Irã ao longo dos anos, fixou residência em Nova York. Em suas memórias, admitiu a existência da Operação Ajax, da CIA e da Grã-Bretanha, e estimou seu custo em um milhão de dólares (de 1953...).

o aviltamento constante dos preços do combustível. No dia 14 de setembro de 1960, os cinco principais produtores de petróleo (Arábia Saudita, Irã, Iraque, Kuwait e Venezuela) fundaram, em Bagdá, a Organização dos Países Exportadores de Petróleo (Opep). A criação da Opep foi um movimento reivindicativo em reação a uma política de achatamento de preços praticada pelo cartel das grandes empresas petroleiras ocidentais, as chamadas "sete irmãs" (Standard Oil de New Jersey; Royal Dutch Shell; Mobil; Texaco; Gulf; British Petroleum; e Standard Oil da Califórnia).

Mudanças na estrutura do mercado internacional do petróleo haviam começado a emergir após a Segunda Guerra Mundial. O petróleo estava se tornando a fonte primária de energia dos países desenvolvidos, entre eles os da Europa Ocidental e o Japão, todos importadores absolutos. Em 1950, também os Estados Unidos se tornaram importadores líquidos de petróleo, já que seu consumo superou a produção doméstica. O crescente sucesso do petróleo no mercado internacional e o nacionalismo em expansão dos países anfitriões (aqueles com reservas petrolíferas) produziram modificações nos acordos de concessão para exploração, gerando novo princípio de distribuição, "meio a meio", em termos de royalties e impostos, entre as empresas e seus respectivos anfitriões.

Todavia, ainda na década de 1950 e parte da de 1960, as grandes empresas controlavam o mercado e mantinham os preços suficientemente atrativos para desencorajar o desenvolvimento de outras formas de energia. Os europeus estabeleceram um imposto sobre o petróleo para proteger a indústria carvoeira local contra os preços baixos do petróleo. Nos Estados Unidos, onde a produção e os preços do petróleo eram mais altos do que os internacionais, as empresas locais obtiveram apoio e proteção do governo para sobreviver.

Novas empresas, contudo, conseguiram adentrar o mercado, obtendo concessões na Argélia, na Líbia e na Nigéria. Em 1952, as sete irmãs produziam 90% do petróleo cru fora dos Estados Unidos e dos países comunistas, enquanto, em 1968, o percentual foi reduzido para 75%. Crescentemente, elas passaram a perder controle sobre os preços internacionais por não conseguirem restringir a oferta. Em 1958, os Estados Unidos estabeleceram cotas, por razões de segurança nacional, para proteger e garantir a sobrevivência da produção doméstica diante do petróleo importado mais barato. As cotas isolaram os Estados Unidos da absorção de novos suprimentos, levando, em 1959-1960, as empresas internacionais a reduzirem os *posted prices* (preços usados para calcular impostos), o que gerou descontentamento nos países anfitriões ao reduzir suas receitas. Tal decisão engendrou o início da cooperação dos países produtores, que resultou na criação da Opep.

Em janeiro de 1961, a carta da Opep, adotada na conferência de Caracas, definiu os três objetivos da organização: aumentar a receita dos países membros para promover o desenvolvimento; assegurar aumento gradativo do controle sobre a produção de petróleo, ocupando o espaço das multinacionais, e unificar as políticas de produção. A Opep aumentou os royalties pagos pelas transnacionais, alterando a base de cálculo delas, e as onerou com um imposto.

A política interna estadunidense de prevenção do excesso de oferta, levada a efeito pela limitação de sua produção e pelo estabelecimento de cotas compulsórias, estabelecidas a partir do fim da década de 1950 sobre petróleo importado, foi largamente responsável pela criação da Opep, que se deu como resposta à tentativa americana de transferir o fardo do ajuste de preços às condições do mercado internacional para o restante do mundo. A Venezuela, já grande produtora de petróleo, foi particularmente atingida pelas restrições estadunidenses, e tornou-se crucial na criação da Opep que, em sua primeira década, foi expandida de cinco para treze membros, englobando a produção de 85% do petróleo exportado no mundo.

Em janeiro de 1968, após a Guerra dos Seis Dias (junho de 1967) entre Israel e os países árabes, em contexto de déficit de oferta, a Opep conseguiu um acordo com as companhias ocidentais, eliminando o desconto sobre o preço de venda. No fim da década, o barril já valia US$ 1,80. A partir da década de 1970, a Opep se tornou ferramenta particularmente eficiente para os países produtores. Seguindo a liderança da Líbia que, sob o governo de Khaddafi, a partir de 1969, exigiu aumentos nos *posted prices* e nos impostos sobre o petróleo (ameaçando nacionalização da produção caso não fosse atendida pelas empresas produtoras), outros membros da Opep enveredaram pelo mesmo caminho.

Uma conferência sobre nacionalização, requisitada pela Opep, congregou empresas internacionais e produziu um acordo de aumento gradual da propriedade dos anfitriões sobre a produção até a marca de 51%, a ser atingida em 1982. Contudo, acordos adicionais foram impedidos pela resposta (aumento unilateral de preços do petróleo) dos países da Organização de Países Árabes Exportadores de Petróleo (Opaep), sendo seguidos pelos outros membros da Opep. A década de 1970 produziu, em última instância, a transferência do controle sobre a *produção* de petróleo das sete irmãs para a Opep.

Em 1971-72, a Opep, que já detinha na época dois terços das exportações mundiais de óleo bruto, iniciou o processo de nacionalização. Finalmente, em outubro de 1973, aconteceu a primeira "crise de petróleo". Durante a guerra do Yom Kippur, entre Israel e os países árabes, a Opep aumentou o preço do óleo entre 70 e 100%. Os produtores árabes declararam embargo aos países considerados favoráveis a Israel (Estados Unidos e Holanda, basicamente). O preço do óleo aumentou 400% em cinco meses (até março de 1974), com um novo aumento de 100% na conferência de Teerã em 23 de dezembro desse ano. Em novembro de 1973, o presidente norte-americano Richard Nixon anunciou o Projeto Independência, para tornar os Estados Unidos autossuficientes em energia. Na época, o país importava um terço das suas necessidades de petróleo. Hoje, importam muito mais.

Ainda em 1973, o xá, retomando, ironicamente, o velho projeto de Mossadegh, expropriou as companhias estrangeiras e concedeu à Companhia Nacional Iraniana de Petróleo (Nioc), companhia estatal, o total controle da indústria do petróleo. O Irã já era o quarto produtor mundial de óleo cru e o segundo exportador. Evidenciando a nova força política dos países petroleiros, em março de 1975, aconteceu o primeiro encontro dos chefes de Estado dos países membros da Opep, em Argel. No Irã, a crise do petróleo provocou terrível inflação no país, levando ao desemprego mais de um milhão de pessoas, além de levar à falência muitos comerciantes que não conseguiram suportar a concorrência estrangeira no mercado. E, pela primeira vez, a inflação passou a afetar também a classe média.

Mas, o que foi a crise do petróleo? A partir de 1973, como vimos, o petróleo passou a ser usado como arma política pelos Estados árabes. Aparentemente como reação da Opep aos países que apoiaram Israel na guerra do Yom Kippur, o preço do barril sofreu grande aumento. Já anteriormente, durante a Guerra dos Seis Dias (1967), alguns exportadores árabes tentaram impor um embargo, que fracassou porque havia muita capacidade ociosa de produção da qual se poderia lançar mão. Mas, em 1973, o mercado mundial havia mudado; parecia que todos os poços do mundo produziam a plena capacidade, por causa do aquecimento da demanda. Os Estados Unidos já eram o maior importador mundial. E, dessa vez, não havia onde buscar petróleo extra.

O embargo criou pânico global. Compradores competiam furiosamente para obter o que conseguissem, o que empurrou ainda mais os preços para cima. Nos Estados Unidos, a gravidade da situação só foi plenamente compreendida pelos consumidores nas irritantes filas de abastecimento – longas esperas para obter quantidades limitadas de gasolina (na verdade, as filas foram resultado dos controles do governo que impediam a flexibilidade e acentuavam a escassez no mercado). Toda a ordem internacional parecia transformada.

A guerra de 1973, como parte dos conflitos do Oriente Médio, foi provocada pela invasão do território israelense pela Síria ao norte e pelo Egito ao sul, no feriado judeu do Yom Kippur. Israel respondeu violentamente e o conflito armado terminou em impasse. Sob a influência dos Estados Unidos, da União Soviética e das Nações Unidas, foram feitos acordos de Paz em 1973, 1974 e 1975, que mantiveram os territórios conquistados anteriormente por Israel sem nenhuma mudança.[3]

A reação dos países árabes foi o aumento do preço do petróleo que, evidentemente, não teve no conflito sua causa fundamental. Após os estadunidenses terem apoiado Israel na guerra, a Opaep decidiu impor um embargo aos Estados Unidos (e à Holanda), o que culminou, em 1974, com a criação, a partir da Organização para a Cooperação Econômica e o Desenvolvimento (OCDE), da Agência Internacional de Energia (AIE), com sede em Paris. A criação foi uma resposta coletiva dos países importadores de petróleo às medidas da Opaep. O embargo teve maior impacto nos Estados Unidos por suas políticas restritivas em relação à importação de petróleo mais barato e ainda culminou com a dissolução das restrições americanas ao petróleo estrangeiro (na década de 1980), dissolução não muito posterior à transformação dos Estados Unidos

---

[3] Em 1967, houve a Guerra dos Seis Dias. Egito, Síria e Jordânia, sob o comando de Gamal Abdel Nasser, *rais* do Egito, prepararam uma ação conjunta contra Israel. No entanto, com apoio dos Estados Unidos, os israelenses realizaram um ataque frontal, garantindo importante vitória. Como resultado da guerra, o Estado israelense anexou Jerusalém, ocupou a Cisjordânia, a península do Sinai, a faixa de Gaza e as colinas de Golan. O êxodo palestino aumentou, e a recém-criada Organização para Libertação da Palestina (OLP) firmou-se como expressão política e braço armado do povo palestino. Desobedecendo às determinações da ONU, que exigia a devolução dos territórios, Israel manteve suas conquistas. Isso provocou, em 1973, a quarta guerra árabe-israelense. Após a morte de Nasser, principal líder nacionalista árabe, em 1970, Anuar Sadat subiu ao poder. Os esforços de seu governo centraram-se na recuperação dos territórios que o Egito havia perdido para Israel em 1967. Para atingir esse objetivo, Egito e Síria planejaram uma nova ofensiva armada, concretizada em 6 de outubro de 1973, dia em que os judeus comemoravam o Dia do Perdão ou *Yom Kippur*. No início da Guerra do Yom Kippur, os árabes estavam em vantagem, mas a imediata ajuda norte-americana ao Estado sionista mudou os rumos da guerra e Israel manteve o domínio sobre as áreas ocupadas.

em importador líquido de petróleo em meados da década de 1970. Induziu, também, à criação de reservas estratégicas de petróleo nos Estados Unidos e alhures, com o objetivo de se criar uma proteção contra choques internacionais na oferta e nos preços do petróleo.

A crise tem sido designada por alguns economistas e historiadores como a responsável pela grave crise econômica geral deflagrada pela inflação mundial de 1974. A visão, entretanto, exagera nas responsabilidades do aumento de preço e no poder de influência dos países árabes no nível mundial. O aumento de preço do petróleo em quatro vezes pelos países da Opep pode ser visto como um fator adicional, que aumentou os efeitos de um movimento que já estava em curso desde o início da década de 1970, mas não como motivador. A crise ocorrida nesse período deve ser entendida como um movimento estrutural do modo de produção capitalista, uma de suas periódicas crises de superprodução.

Para os países centrais, o aumento do preço do petróleo não representou mais do que 2% no processo inflacionário. A inflação foi alimentada pelo efeito cumulativo de mais de três decênios de práticas inflacionárias. Foi amplificada pela especulação desenfreada dos anos 1972-73 com o ouro, os terrenos, as construções, os diamantes, as joias e as obras de arte e, sobretudo, as matérias-primas, isto é, todos os "valores--refúgio", que são tanto mais apreciados quanto mais o papel--moeda se deprecia. Ela foi reforçada pela prática dos "preços administrados" impostos pelos monopólios, e acentuada pelos gastos militares colossais, que não pararam de aumentar desde inícios da década de 1950. Em agosto de 1971, antecipando a crise declarada, o governo de Richard Nixon declarou a não conversibilidade do dólar.

Por outro lado, a ideia de que a crise do petróleo teria provocado deflação, por cortes na produção e na demanda, provocados pela saída de capitais dos países centrais para a Opep, também é falsa. Esses capitais não ficaram entesourados nos cofres dos países árabes, ao contrário, voltaram, sob a forma de "petrodólares", para os países centrais. Como a maioria dos países da Opep eram países subdesenvolvidos, os recursos excedentes oriundos do aumento do preço do petróleo passaram a ser utilizados para financiar seus planos de desenvolvimento. Contratando obras, produtos e serviços dos países desenvolvidos, os petrodólares realimentaram as economias desses países acentuando a tendência inflacionária geral pela alta dos custos e pelo aumento de liquidez.

A imensa acumulação de capital dos países árabes, prevista pelo Banco Mundial, não se concretizou. A previsão de 650 bilhões de dólares em reservas foi revista em 1978, quando as reservas de câmbio deles estavam em 280 bilhões. Os grandes gastos no "desenvolvimento", nesses países, fizeram que eles se tornassem logo deficitários em sua balança de pagamentos. A importação de máquinas e fábricas prontas pelos países da Opep foi vista por muitos economistas como o motor de uma nova fase de expansão do capitalismo, o que não se confirmou porque, entre outros fatores, a dinâmica dos preços é incerta; os países desenvolvidos buscavam uma progressiva substituição de energia, o que lhes tornaria menos dependentes da Opep e diminuiria o poder de pressão da organização dos países árabes; além do que, a industrialização não era fácil nos países árabes, por sua "estrutura socioeconômica arcaica", isto é, pela monumental concentração de renda e a pobreza da maioria da população, que contribui para o raquitismo do mercado interno.

Na recessão de 1974-1975, o cartel multiestatal do petróleo conseguiu se manter com a economia relativamente estável, ao contrário dos demais países do Terceiro Mundo que mergulharam em profunda crise. Essa manutenção deveu-se fundamentalmente à diminuição da produção do petróleo para a manutenção do preço internacional, volume que foi controlado de perto pela Opep. Apesar da diminuição da produção, os países mantiveram assim uma renda nacional alta que foi empregada nas importações. As grandes somas de capitais foram controladas pelos governos dos Estados membros da Opep.

A origem dos capitais excedentes é a exploração de petróleo, mineral, fonte de energia, encontrado de forma bruta na natureza. Os proprietários dessas jazidas são os Estados onde o mineral é encontrado: o que é pago ao dono da terra/jazida não deixa de ser uma renda fundiária, nos termos assim definidos por Marx em *O capital*:

> O capitalista arrendatário paga ao proprietário das terras, ao dono do solo que explora, em prazos fixados, digamos, por ano, quantia contratualmente estipulada (como o prestatário do capital-dinheiro paga determinado juro) pelo consentimento de empregar seu capital nesse ramo especial de produção. Chama-se esta quantia de renda fundiária, e tanto faz que seja paga por terra lavradia, ou por terreno de construção, mina, pesca, floresta, etc.

Os exploradores diretos das minas de petróleo, na maioria dos casos, não eram os Estados proprietários, e sim as grandes companhias multinacionais exploradoras de petróleo, que tinham sua tecnologia contratada pelos Estados membros da Opep, ou a eles pagavam renda pela exploração das jazidas. A mudança na relação do capital com a propriedade agrária no nível internacional pode ser a explicação para a crise do petróleo de 1973.

Nas esferas de produção que dependem diretamente da natureza, a lei do valor (*o valor da mercadoria equivale ao tempo de trabalho socialmente necessário para sua produção*) atua de maneira modificada. Na produção capitalista de mercadorias, o aumento da produtividade do trabalho pode fazer os preços baixarem pela concorrência. Nos ramos da produção que dependem diretamente da natureza, a lei atua modificada já que aqueles dependem mais das condições naturais que da atividade do homem. Na esfera da produção energética, as principais mercadorias são o petróleo e o carvão. A produtividade do trabalho na extração do petróleo é maior do que na extração do carvão, cujas minas são cada vez mais difíceis de explorar.

Sendo menos rentável, o carvão deveria ser eliminado, pela concorrência, pelo petróleo, o que não ocorreu.

Historicamente, a produção de carvão é anterior à do petróleo, e a tecnologia utilizada em sua exploração é mais simples. Contudo, os Estados Unidos passaram a extrair petróleo a um preço individual de produção mais baixo que o carvão e, com a crescente necessidade de energia, buscaram-se novas fontes, descobrindo-se as enormes reservas da Venezuela e do Oriente Médio, que tinham condições naturais muito melhores que as dos Estados Unidos. Nos anos 1960, a produção de petróleo superou a de carvão.

De forma geral, o carvão deveria ser totalmente suprimido pelo petróleo. Isso não ocorreu, em primeiro lugar, porque no setor de energia a produtividade do trabalho mais elevada não pode ser generalizada, por estar ligada a uma base natural, que são os poços, e estes não se reproduzem à vontade. Em segundo lugar, porque Estados Unidos, Alemanha, Grã-Bretanha e França protegem suas fontes naturais de energia intervindo no processo de formação do valor. Esses países adotaram medidas para evitar a dependência do petróleo importado, como a restrição das importações, a subvenção à produção nacional e a introdução de impostos à importação, que foram incorporados ao preço do petróleo importado.

Assim sendo, o preço se forma pela fonte menos rentável, que é o carvão europeu, de forma que sua exploração proporcione lucro. A fonte mais rentável, que é o petróleo médio-oriental, não chega ao mercado consumidor pelo seu verdadeiro valor em razão dos acréscimos que sofre com a carga de impostos. O petróleo dos Estados Unidos, por sua vez, atinge lucro médio maior do que o carvão europeu. Não eram os países produtores os que mais ganhavam com a produção de petróleo. O preço individual fixado no Golfo Pérsico oscilava, entre 1953 e 1973, entre $ 1,60 e $ 2,75 o barril; com os impostos, porém, ia para $ 10,00 no mercado mundial.

A criação da Opep iniciou um novo confronto: a crise resultante, na verdade, era a luta por uma nova repartição da renda agrária. Formada pelas classes dominantes dos países exportadores de petróleo, a Opep elevou o preço do petróleo bruto, impondo limites à concorrência entre os países produtores, com a formação de um cartel. Os países capitalistas desenvolvidos não ficaram reféns da Opep, buscaram novas fontes de energia, entre elas a atômica, a solar e a produção do petróleo sintético, além de pesquisar em outras regiões do mundo novas jazidas de petróleo. Os países subdesenvolvidos também procuraram saída, entre elas o Programa Pró-Álcool no Brasil, que teve vida curta.

Vejamos algumas interpretações sobre a origem dessa crise, que fazem parte de uma controvérsia a respeito da autonomia ou da dependência dos Estados da Opep em relação aos países desenvolvidos. A primeira delas apresenta os Estados da Opep cumprindo ordens sob a tutela direta do imperialismo norte-americano, contra seus concorrentes (europeus e japonês). Segundo a interpretação, os Estados Unidos teriam sido responsáveis pelo aumento do preço do barril de petróleo em 1973 e pela crise que se sucedeu. O país teria atuado por intermédio das classes dominantes dos principais Estados petroleiros, que estariam sob as ordens das sociedades multinacionais e dos Estados Unidos, e desejosas de serem beneficiadas pelas instituições públicas e privadas daquele país. A interpretação não se sustenta quando se lembra que os Estados Unidos não teriam nenhum interesse em agravar uma crise do sistema monetário que já estava presente desde o início da década de 1970, com a desmonetização do dólar.

A segunda interpretação parte do princípio de uma completa autonomia dos países árabes em relação ao capitalismo internacional, e identifica o aumento do preço do petróleo e a mudança da relação com o capital internacional como um combate anti-imperialista, parte de uma luta dos povos do Terceiro Mundo por sua independência política e econômica, argumento que, obviamente, ignora as relações de classe nesses países.

A disputa internacional em torno do preço do petróleo foi uma luta *pela apropriação da renda diferencial* (aquela originada nas diferenças naturais de fertilidade, ou riqueza, do meio natural). Comportou também uma disputa intermonopolista, pois a escala mundial, a "fatura petroleira", devia ser paga, em primeiro lugar, pelos países e empresas consumidoras de energia que dependiam das importações (a maioria dos países europeus e o Japão), o que fortalecia a burguesia norte-americana diante deles e, dentro dos Estados Unidos, pelo setor empresarial que se encontrava na mesma situação. O "choque do petróleo" inscreveu-se, portanto, dentro do acirramento das disputas entre os monopólios e os países capitalistas centrais, provocado, porém, por uma crise preexistente. As grandes refinadoras e distribuidoras de petróleo (as sete irmãs) foram, em graus diversos, as principais beneficiadas pelo aumento da "fatura petroleira".

A interpretação que nos parece mais correta é que os Estados da Opep, com certa autonomia diante dos países desenvolvidos, pela propriedade dos poços de petróleo, eram e são também dependentes deles, pois são países "subdesenvolvidos", não possuem autonomia tecnológica nem financeira. Têm sua riqueza apenas na propriedade dos poços de petróleo, mas devem vender a energia, como países dependentes do mercado internacional. A explicação da crise econômica mundial pela "crise do petróleo" foi uma tentativa ideológica de ocultar as verdadeiras raízes daquela crise, situadas nas leis da acumulação capitalista, estas operando em escala mundial.

O que fazia o Irã com a sua nova fabulosa renda petroleira? Em 1973, véspera do "choque", a renda petroleira iraniana ascendia a 3,5 bilhões de dólares. Em 1974, logo depois do choque, o montante ascendia a 18 bilhões de dólares. Em 1977, atingiria 30 bilhões de dólares, quase decuplicando o montante de quatro anos atrás. O dinheiro literalmente chovia sobre o Irã, isto é, sobre sua restrita classe dominante e, em especial, sobre a sua mais que restrita autocracia governante.

Vozes de alarme começaram a se manifestar logo depois do "choque do petróleo". Em março de 1975, um jornalista do *New York Times*, Charles Sulzberger, revelou que o xá fechara um acordo comercial no valor de 15 bilhões de dólares com os Estados Unidos, para ser cumprido em cinco anos. Parte do acordo seria cumprida com a entrega de oito reatores atômicos norte-americanos, que ficariam sob vigilância para não serem convertidos em fins militares. Trinta anos depois, outra será a política, o que demonstra que, para os Estados Unidos, o problema não é a energia atômica, mas quem a possui.

Bernard Weintraub, também do *New York Times*, denunciou o xá como "a figura central do golpe" que levou à quadruplicação dos preços do petróleo e à militarização do Golfo Pérsico. Em 1976, o que eram tímidas informações atribuídas a "esquerdistas radicais" transformaram-se em denúncia da Comissão Internacional de Juristas: o Irã não está se armando apenas para se defender de inimigos externos; os opositores internos estão sendo caçados e torturados pela Savak, a polícia secreta.

Pela primeira vez, levantaram-se objeções nos Estados Unidos, quando o Irã pediu que lhe vendessem sete Boeings 707 equipados com radar avançado e outros dispositivos eletrônicos que, conjugados com os radares de terra, eram capazes de detectar aviões inimigos, rastrear e guiar aviões de defesa. Perguntaram, alguns especialistas, se não havia perigo de que o equipamento avançadíssimo viesse a cair em mãos da União Soviética. Mas o Irã (o xá) conseguiu, ainda uma vez, o que queria. Mal imaginavam os satisfeitos vendedores do complexo militar-industrial norte-americano quem herdaria esse arsenal...

5. O fim da dinastia Pahlevi e a Revolução

Com a barganha mundial do petróleo, o xá tentou transformar o Irã na "quinta nação mais poderosa do mundo". Em outubro de 1971, em Persépolis, celebrou o aniversário da fundação do Império Persa por Ciro. A festa, faraônica, contou com a presença do *jet set* internacional, reis e princesas, atores e atrizes de cinema, cantantes e políticos, frequentadores das colunas sociais da época (e alguns, também das atuais). Enquanto a festa acontecia, a guerrilha *mujaheedeen* conseguia fazer explodir a central elétrica de Teerã (mas fracassaram por pouco no sequestro de um avião da Iran Air). A repressão contra a esquerda tornou-se selvagem, com torturas indizíveis e milhares de fuzilamentos clandestinos.

Os *mujaheedeen* islâmicos foram se aproximando da guerrilha *fadayin* de declarada inspiração marxista, influenciada pela ala marxista da Organização para a Libertação da Palestina (OLP). A atividade guerrilheira cresceu muito daí por diante com assaltos a bancos, execução de um importante militar dos Estados Unidos e do chefe da polícia iraniana, atentados contra o mausoléu do xá Reza Khan e os escritórios da El Al, Shell, British Petroleum e British Airways.

A maioria do povo assistia com indignação crescente ao festival de esbanjamento dos ricos antigos e dos novos-ricos, e de seus comparsas internacionais.[1] O *boom* do petróleo viera

---

[1] Os mesmos que, oito anos depois, em 1979, virariam ostensivamente as costas, nos Estados Unidos, a um xá canceroso e fugitivo de seu país em revolução. A traição nacional não dá direitos à aposentadoria...

acompanhado da inflação, da emigração agrária para zonas urbanas, da escassez de moradia e de infraestrutura insuficiente, e de um enorme abismo de desigualdade nas rendas da população. O descontentamento com a corrupção, com os gastos supérfluos e a com violenta repressão aumentou.

A decadência do regime foi bem ilustrada com a comemoração dos 2500 anos da fundação do Império Persa: três dias de celebrações a um custo total de US$ 300 milhões. Entre as extravagâncias do xá havia uma tonelada de caviar preparada por duzentos *chefs* vindos diretamente de Paris. Enquanto isso, muitos no país nem sequer tinham o que comer.

Em 1965, haviam entrado no Irã 522 milhões de dólares na qualidade de investimento estrangeiro; em 1969, 938 milhões. Foram gastas enormes somas com o aparato do Estado, infraestrutura e promoção industrial. Das noventa empresas estrangeiras que investiram nesses anos no Irã, metade era estadunidense. Mas o Estado iraniano era ainda o principal motor do crescimento industrial, responsável por 40% a 50% do investimento total. Com o aumento dos preços do petróleo, em 1973, a economia cresceu rapidamente.

O barril de petróleo chegou a 11,65 dólares no mercado mundial, decuplicando se comparado com o preço de 1,79 dólar em 1971. Os investimentos externos saltaram para 22 bilhões de dólares em 1974. Surgiram os planos econômicos de desenvolvimento. Os salários dos trabalhadores qualificados aumentaram, assim como a afluência da população rural para as cidades. A quadruplicação dos preços do petróleo em 1973-1974 multiplicou por vinte a renda do Irã com a exportação do produto, chegando a uma receita de nada menos que 24 bilhões de dólares anuais. O Irã passou para um estágio de crescimento desordenado.

Na década de 1970, a cada ano migravam para as cidades 380 mil pessoas. O que teve impacto negativo na agricultura, com queda da produção e aumento dos preços dos alimentos. O Irã, antes autossuficiente em produção de alimentos, tornou-se gradativamente dependente de importação para 50% do consumo. Com a emigração da população para as zonas urbanas (Teerã, por exemplo, ganhou um milhão de habitantes em cinco anos), os novos contingentes vieram agravar a carência de infraestrutura sanitária, serviços médicos e escolas sem falar no desemprego. Paralelamente, cerca da metade das receitas do petróleo era destinada anualmente à compra de armamentos.

Em apenas dois anos, os aluguéis em Teerã aumentaram 300%. Uns poucos fizeram grandes fortunas graças à especulação imobiliária; a inflação, no entanto, afetou duramente os trabalhadores, os camponeses e a pequena burguesia urbana. Com a migração dos camponeses para a cidade, a população urbana dobrou e atingiu 50% do total. Teerã passou de 3 milhões para 5 milhões de habitantes entre 1968 e 1977, enquanto brotavam quarenta favelas na periferia da cidade.

Internacionalmente, o xá Reza Pahlevi tinha a seu favor um insólito consenso internacional. Até o último momento, seu governo teve o apoio de países como China, Estados Unidos e mesmo a União Soviética – os russos, na verdade, sempre preferiram o xá, com quem estabeleceram pacata convivência. Apoiada em forte esquema repressivo e em suas relações com os Estados Unidos, a monarquia iraniana montou um vasto sistema de corrupção e privilégios. E, sob Reza Pahlevi, o Irã foi o único membro da Opep a ignorar o embargo de petróleo a Israel, decretado pelos árabes em 1973. Até 1979, foi responsável por 60% do petróleo consumido naquele país.

O regime do xá, o autoproclamado descendente verdadeiro do "Trono do Pavão" de 2500 anos, decidiu, em 1975, empreender um novo esforço para controlar a sociedade iraniana. O esforço visava, entre outras coisas, a diminuir o papel do islamismo na vida do reino, ressaltando, para isso, as conquistas das civilizações pré-islâmicas do país, especialmente a civilização persa. Assim, em 1976, o calendário islâmico, lunar, foi banido do uso público e substituído por um calendário solar. Publicações marxistas e islâmicas também sofreram forte censura. O xá trovejou, em 1976: "Nós não tínhamos ainda pedido o autossacrifício das pessoas. ... As coisas agora irão mudar. Todos deverão trabalhar duro e terão de estar preparados para fazer sacrifícios a serviço do progresso da nação".

Também foram divididas terras das instituições religiosas (o que diminuiu suas rendas) e concedido o direito ao voto às mulheres (o que foi visto pelos líderes religiosos como um plano para "trazer as mulheres para as ruas"). Com os bilhões de dólares do petróleo, o xá dotou suas Forças Armadas, de quase 500 mil homens, dos mais sofisticados equipamentos de que se tem notícia – só os Estados Unidos venderam ao Irã 12 bilhões de dólares em armas entre 1972 e 1978. A brutal polícia política – a Savak – deu ao Irã, em 1977, segundo a organização Anistia Internacional, o primeiro lugar no mundo entre os países violadores de direitos humanos.

As condições sociais declinantes foram causando profundo ressentimento nos trabalhadores, nos camponeses e até nas classes médias, ressentimento que se transformaria, depois, em movimento revolucionário de massas. Greves gerais chegaram a paralisar a produção petroleira. À medida que a desigualdade crescia, os protestos aumentavam. Até elementos moderados se incomodaram com a crescente autocracia e a crescente repressão da polícia secreta. Muitos deixaram o país antes da revolução, enquanto outros começaram a se organizar.

Isso acontecia em um período de auge da economia iraniana, que fortaleceu enormemente o proletariado. O aumento da renda procedente do petróleo favoreceu o crescimento da indústria iraniana, processo que se acelerou a partir de 1973. O PIB cresceu, em 1973-1974, 33,9%, e em 1974-75, 41,6%, cifras espantosas. A indústria cresceu rapidamente, mas ao desenvolver as forças produtivas, o regime criava o seu coveiro: o proletariado iraniano, que além de crescer, era uma classe muito jovem e aguerrida, não desmoralizada pelas derrotas do passado.

Uma nova onda de lutas operárias abalou o país em 1977. Em 1976, o governo anunciara um programa de ajuste econômico, que dava fim ao "plano de desenvolvimento". Foram reduzidos em 40% os projetos de expansão industrial. O desemprego aumentou e os salários baixaram, a classe operária reagiu, explodindo greves no setor têxtil em Abadan e Besar, com reivindicações salariais.

Ao mesmo tempo, um movimento passou a se organizar nas mesquitas, mediante sermões que denunciavam a maldade do Ocidente e dos valores ocidentais. O choque entre uma crescente população jovem e um regime que não oferecia nem os avanços de um Estado moderno, nem a estabilidade de uma sociedade tradicional criou as condições para uma revolução. A população mais pobre do país tendia a ser o segmento mais religioso e o menos ocidentalizado. Os pobres viviam predominantemente no campo, ou habitavam favelas das grandes cidades, especialmente em Teerã.

O Irã era, como já mencionado, o segundo maior exportador de petróleo, em 1978, e o quarto maior produtor. Quando o preço do petróleo quadruplicou, a renda nacional disparou. Mas com 45 famílias abocanhando 85% da renda nacional, o hiato entre as classes crescia. Em agosto de 1977, com a inflação por volta de 50% ao ano e uma dívida externa calculada em 10 bilhões de dólares, o governo resolveu restringir o crédito. Para agravar a situação, o momento de frustração das expectativas abertas pelo petróleo coincidiu com uma tímida política de liberalização política. Ou seja, ao mesmo tempo que se aprofundava a insatisfação popular, abriam-se canais para sua manifestação. Segundo alguns analistas (incluídos os saudosistas da "modernização" do xá), a combinação teria sido fatal para o regime.

Uma crise nas relações com os Estados Unidos se esboçou em 1977. Em outubro desse ano, o senador Robert Byrd propôs uma moratória na venda de armas ao xá. Em quatro anos, os Estados Unidos haviam vendido armamentos no valor de 18,5 bilhões de dólares ao Irã. Nos últimos doze meses, 5,5 bilhões: "É a mais espantosa quantidade de armamento liberada para um só país". E o Irã ainda queria mais 140 caças F-16. Outros críticos advertiam: se o Irã entrar em alguma guerra, os Estados Unidos imediatamente estarão envolvidos, por causa de seus 45 mil técnicos a serviço do xá.

Em outubro de 1978, as compras militares do Irã nos Estados Unidos já haviam ultrapassado os 20 bilhões de dólares. E Reza Pahlevi queria mais. Ele pediu ao presidente Carter: mais oitenta aviões de combate F-14 Tomcat (já tinha outros oitenta), capazes de enfrentar os mais recentes Migs soviéticos, e modificados para poderem operar a partir de bases terrestres (eram aviões planejados para a Marinha norte-americana, que desistiu deles por causa do alto custo de 14 milhões de dólares por aparelho); mais 140 F-16, do tipo utilizado pela Otan (já havia outra encomenda iraniana de 160 aparelhos desse tipo); 31 modelos avançados do bombardeiro Phantom; F-4E, armados com mil mísseis Shrike ar-terra; 150 aviões de transporte C-130; três Boeings 747 e 12 Boeings 707 para reabastecimento em voo. Ao todo, uma compra de 10 bilhões de dólares.

E com uma diferença, denunciada nos Estados Unidos por *The Nation*: seria uma compra de armas mais ofensivas que defensivas. As esquadrilhas de F-4, F-14 e F-16, conjugadas com os aviões reabastecedores, dariam ao Irã capacidade para atacar muito além de suas fronteiras. Os mil mísseis Shrike seriam capazes de inutilizar qualquer defesa antiaérea durante um ataque. E cada avião Hércules C-130 poderia transportar 92 soldados equipados; portanto, só os 150 novos aparelhos que o Irã pretendia comprar poderiam transportar uma força invasora de 13.800 homens equipados.

A fúria comercial dos fabricantes de morte dos Estados Unidos combinava-se com a fúria homicida do ex-playboy ariano da Côte d'Azur, transformado em baluarte estatal do Ocidente no Oriente Médio, para produzir um resultado que eles não poderiam imaginar nem em seus piores pesadelos. Estaria o xá indo longe demais em suas pretensões de transformar-se em potência do Golfo Pérsico? A resposta a essa pergunta já se fazia notar nas ruas de Qom e de Teerã. Nos Estados Unidos, as mesmas pessoas que antes exaltavam o xá começavam agora a falar em corrupção e, principalmente, em incompetência.

Se continuasse a exportar 6 milhões de barris de petróleo por dia, como vinha fazendo, o Irã, embora detentor da segunda maior reserva conhecida, esgotaria seu petróleo até 1990. Seu Produto Interno Bruto estava crescendo espantosamente, mas sem beneficiar em nada a maior parte da população. Em 1977, os investimentos feitos deveriam gerar 2,1 milhões de empregos, mas só havia 1,4 milhão de pessoas qualificadas para ocupá-los. Pior que tudo, surgiram evidências de que as imensas compras de armamentos já não se destinavam apenas a defender o país de eventuais agressões externas. Estavam sendo compradas armas para conter as reivindicações populares, internas.

Só a Inglaterra, segundo *The Nation*, exportara em 1978 para o Irã 8 mil fuzis especiais para conter manifestações populares; 26 mil cargas de gás e 26 mil granadas; outras 20 mil granadas com carga de fumaça e 2 mil com cargas para dissipar fumaça; 20 mil escudos especiais para conflitos de rua; 20 mil máscaras; 20 mil capacetes; 20 mil cassetetes e 5 mil outras armas especiais para conter distúrbios. Também os Estados Unidos continuaram exportando gás lacrimogêneo, munição para tropas especializadas em conter distúrbios de rua e equipamentos para espionagem interna. Foi assim que o Irã chegou a consumir 25% de seu PIB em armamentos – proporcionalmente, três vezes mais que a União Soviética e os Estados Unidos, seis vezes mais que a Inglaterra. No momento em que à megalomania, à incompetência e à corrupção se somou a revolta popular, terminou o sonho de restauração do Grande Império Persa, do "Japão do Oriente Médio", guardião armado dos interesses dos países ocidentais industrializados.

Manifestações de massas envolveram o Irã entre outubro de 1977 e fevereiro de 1978. Aproximadamente 90% dos iranianos colocaram-se contra o governo ao longo de 1978. Demandando direitos democráticos e a partilha da riqueza do país, os estudantes, e posteriormente a classe trabalhadora, desafiaram as forças repressivas. Depois da repressão contra centenas de manifestantes na cidade sagrada de Qom, em janeiro de 1978, uma greve geral de 2 milhões em Teerã propagou-se para Ispahan, Shiraz e também para a cidade santuário de Mashad.

Em agosto de 1978, depois do incêndio criminoso de um cinema em Abadan (com quatrocentas mortes), 50 mil pessoas se manifestaram ameaçando "queimar o xá". Em setembro, aconteceu o massacre da chamada "sexta-feira negra", em que entre 2 mil e 4 mil pessoas foram mortas pelas forças de segurança do xá Pahlevi. A praça Jaleh, teatro do massacre, seria rebatizada como "Praça dos Mártires". Detalhe importante: em 29 de agosto, o xá recebera a visita "comercial" de Hua Kuo Feng, premiê da China, "sucessor eleito" do lendário Mao Zedong, de fato uma visita para dar ao xá apoio político em hora difícil.

Em 5 de setembro, o embaixador iraniano nos Estados Unidos, o já conhecido general Zahedi, chegou com um recado da suposta "pomba" Jimmy Carter e da CIA: era necessário um "golpe de força" para terminar com a agitação. Em poucas semanas, diante da revolução incontornável, os Estados Unidos mudariam de política... E ainda no mesmo mês de setembro, o acontecimento que mudaria o rumo da história do país: começaram as greves que culminariam na greve geral dos trabalhadores do petróleo.

As greves paralisaram toda a máquina estatal, sobretudo quando se somaram a elas os funcionários públicos, mas foram os 33 dias de greve dos trabalhadores do petróleo os que paralisaram o país. A greve petroleira provocava perdas superiores a 74 milhões de dólares diários. Em 8 de setembro de 1978, o Exército assassinara milhares de manifestantes em Teerã. Os trabalhadores responderam convocando uma greve, então a faísca que acendeu a dinamite acumulada por todo o país. Em 9 de setembro, os trabalhadores da refinaria petroleira de Teerã entraram em greve para protestar contra o massacre do dia anterior e exigir o fim da lei marcial. No dia seguinte, a greve se estendera como mancha de óleo a Shiraz, Thariz, Abadan e Ispahan. Todos os trabalhadores das refinarias entraram em greve. As reivindicações econômicas rapidamente se transformaram em políticas: "Abaixo o xá", "Abaixo a Savak". Em seguida, entraram em greve os trabalhadores do petróleo de Ahwaz, seguidos pelos do Khuzistão. A classe operária conquistava um papel de protagonista independente na revolução.

A oposição "moderada" (burguesa), liderada pela Frente Nacional de Oposição de Mehdi Barzagan, que previamente havia limitado suas ambições em conseguir do xá a divisão de poder, foi forçada, no desenvolvimento de uma atmosfera "vermelha", a adotar um programa "semissocialista". No economicamente "semidesenvolvido" Irã, com grande número de analfabetos e mais da metade das pessoas vivendo no campo, as palavras dos *mulás* tornaram-se poderosas fontes de atração para os camponeses, partes da classe média, e mesmo trabalhadores. Enquanto a Frente Nacional buscava compromissos com a dinastia, Khomeini, desde o exílio, pedia a sua deposição.

Recebendo no mês de setembro Elisam Narighi, chefe do Instituto de Pesquisa Social de Teerã, o xá perguntou-lhe sobre a origem das agitações. Narighi respondeu-lhe que a origem era... o próprio xá. Diante da surpresa deste (que "esperava que eu respondesse: os palestinos, os comunistas, Khadaffi, Khomeini, ou até os americanos"), Narighi lembrou-lhe que, em 1962, o xá fora a Qom para atacar os chefes religiosos como "reacionários", por terem estes criticado a reforma agrária e a elegibilidade das mulheres para cargos políticos. Daí em diante, os *mulás*, para preservar seu espaço na sociedade, dedicaram-se a rejeitar a acusação de reacionarismo, apresentando-se como mais revolucionários do que o xá e sua "revolução branca".

Seguindo os conselhos de Ali Chariati,[2] (*guia espiritual* de toda uma geração de iranianos, teórico do "islamismo re-

---

[2] Do ponto de vista ideológico, Ali Chariati (1933-1977) foi o personagem-chave da revolução iraniana. Mereceria estudo à parte, que não cabe aqui fazer. Defensor de um islamismo que incorporasse aspectos do pensamento marxista, foi considerado o teórico dos *mojahedeen*, o principal grupo guerrilheiro na luta contra o xá, e nas primeiras etapas da própria revolução, em realidade a verdadeira ala militante da "revolução islâmica", sem a qual a revolução não teria sido possível. Sobre a importância de Chariati, bastam estas duas opiniões de dois importantes membros da hierarquia xiita: "Chariati criou uma nova *maktab* (doutrina). Foi ele quem levou os jovens iranianos para a

volucionário"), os líderes xiitas compreenderam que deviam se apoiar na juventude e fazer da religião a força mobilizadora, com base na experiência dos movimentos anticolonialistas, inspirando-se em Frantz Fanon.[3]

---

revolução" (aiatolá Taleqani); "As obras de Chariati foram essenciais para a revolução. As do imã Khomeini não eram exatamente adequadas para conquistar a nova geração" (aiatolá Beheshti). Posto no Panteão dos heróis do país, a obra de Chariati arrisca hoje cair no esquecimento...

[3] Chariati reinterpretou o Islã de forma "terceiro-mundista" tanto como compromisso com uma autenticidade cultural não ocidental quanto como apelo à emancipação revolucionária. Vejamos um parágrafo significativo redigido por ele (em tradução do professor Peter Demant, a quem agradecemos ter-nos facilitado o texto): "Deveria esperar-se que o mais sagrado e valioso dos materiais houvesse sido escolhido, mas ao contrário disso Deus escolheu a mais baixa de todas as substâncias [para criar o homem]. Em três ocasiões o Alcorão menciona a substância da qual foi feito o homem. Primeiro utiliza a expressão 'como argila de cerâmica' (55:14); ou seja, argila seca, sedimentar. O Alcorão diz ainda: 'Criei o homem de argila pútrida' (15:26), terra suja e de mau cheiro; e finalmente utiliza o termo estanho (tin) também significando argila (6:2, 23:12).... Assim o homem é um composto de lama e espírito divino, um ser bidimensional, uma criatura com dupla natureza .... Uma dimensão inclina-se ao barro e vileza, estagnação e imobilidade... E a natureza do homem, em uma de suas dimensões, aspira precisamente a esse estado de tranquilidade sedimentar ... Mas a outra dimensão, a dimensão espiritual como a chama o Alcorão, aspira a ascender ao mais alto cume concebível a Deus e ao espírito divino. O homem é, então, composto por dois elementos contraditórios, barro e o espírito divino; e seu esplendor e importância vêm justamente do fato de que é uma criatura bidimensional... Todo homem é abençoado com estas duas dimensões, e é seu arbítrio que determina o quanto descerá em direção ao polo de barro sedimentar que existe em seu ser, ou o quanto ascenderá em direção ao polo de exaltação, de Deus e do espírito divino. Este embate constante acontece no interior do homem, até que ele finalmente escolha um dos polos como determinante para seu destino. É por meio (do) arbítrio que o homem alcança superioridade sobre todas as criaturas do mundo ... Por exemplo, você nunca encontrará um animal realizando voluntariamente um jejum de dois dias, ou uma planta suicidando-se por tristeza. Plantas e animais não podem nem realizar grandes feitos nem cometer traição. É para eles impossível agir diferente da forma para a qual foram criados.

A revolução iraniana desdobrou-se rapidamente, adquirindo conteúdo *de classe*. O funcionalismo público e os bancários tiveram papel fundamental na exposição da corrupção do regime. Escriturários dos bancos abriram os livros para revelar que nos últimos três meses de 1978, um bilhão de libras tinham sido retiradas do país por 178 membros da elite, assim como o xá, que havia transferido quantia similar para os Estados Unidos. A classe dominante estava ocupada em preparar um cômodo exílio. Depois de enviar sua família ao exterior, o xá enviou um bilhão de dólares aos Estados Unidos (além de outro bilhão enviado anteriormente a Bonn, à Suíça e a outras partes do mundo). A autocracia e seus esbirros, incluída a polícia política, saquearam o Tesouro Nacional, e isso veio a público. As massas, furiosas, responderam queimando mais de quatrocentos bancos.

Somente o homem pode rebelar-se contra a forma para a qual foi criado, que pode desafiar mesmo suas necessidades físicas ou espirituais: contra os ditames do bem e da virtude ... Ele é livre para ser bom ou mau, para se assemelhar ao barro ou a Deus. O arbítrio é então a maior das propriedades do homem, e a afinidade entre Deus e o homem é aparente neste fato. Pois é Deus que aspira sobre o homem parte de Seu próprio espírito e o faz possuidor de Sua Confiança ... O homem pode agir como Deus, mas somente até certo ponto; ele pode agir contra as leis de sua constituição fisiológica somente em um grau permitido por sua similaridade a Deus. Este é um aspecto comum a Deus e ao homem, ... a liberdade humana de ser bom ou mau, de obedecer ou se rebelar. Como é aparente na filosofia do homem no Islã, ele é um ser bidimensional e necessita, dessa forma, uma religião que seja também bidimensional e exerça sua força nas duas direções diferentes e opostas que existem no espírito e na sociedade humana. Somente então o homem será capaz de manter equilíbrio. A religião necessária é o Islã... A conclusão a que desejo chegar é: no Islã, o homem não é humilhado perante Deus, pois é parceiro de Deus, Seu amigo e possuidor de Sua Custódia sobre a terra. Ele goza de afinidade com Deus, foi instruído por Ele, e viu todos os anjos de Deus prostrando-se diante de si. O homem bidimensional, possuindo o fardo de tal responsabilidade, precisa de uma religião que transcenda a orientação exclusiva para este ou para o próximo mundo, e o permita manter um estado de equilíbrio. É só uma religião como esta que capacita o homem a cumprir sua grande responsabilidade."

Em 25 de novembro, recomeçou a greve geral na refinaria de petróleo de Chahr-Rey, perto de Teerã. Em 4 de dezembro, a greve era geral. Surgiram comitês operários independentes, sobretudo no setor petroleiro. A revolução democrática esboçava transformar-se em *revolução proletária*.

Em 12 de dezembro, cerca de 2 milhões de pessoas inundaram as ruas de Teerã para protestar contra o xá. Khomeini permanecera no Iraque, até ser forçado a sair do país em 1978, quando foi viver em Neaufle-le-Château, perto de Paris, na França. De acordo com Alexandre de Marenches (à época chefe do Serviço de Documentação Exterior e de Contraespionagem, os serviços secretos franceses), a França teria proposto ao xá o "arranjo de um acidente fatal de Khomeini". O xá declinou, argumentando que isso faria de Khomeini um mártir. Ainda em dezembro de 1978, em um dos momentos decisivos da revolução iraniana, os trabalhadores do setor do petróleo entraram em greve e deixaram de bombear os cerca de 6,5 milhões de barris que o país produzia por dia.

Privados, sob o regime ditatorial do xá, de imprensa livre, partidos políticos representativos e entidades estudantis, os iranianos voltaram-se para o único fórum que permanecera aberto: as 80 mil mesquitas existentes no Irã. Mas a mais importante contribuição do clero para o movimento foi emprestar-lhe sua secular estrutura de comunicações no interior do país. Quando os aiatolás ditavam palavras de ordem políticas para a população, elas eram imediatamente transmitidas para as camadas inferiores da população por uma rede de 18 mil *mulás* – espécie de sacerdotes paroquiais – e ainda para um degrau mais inferior, para 600 mil *saias*, crentes considerados "descendentes diretos" do profeta Maomé.

O Exército começou a se desintegrar, à medida que os soldados se recusavam a atirar nos manifestantes e passaram a desertar. O país estava falido. Não bastasse o corte nas receitas do petróleo, em novembro e dezembro de 1978, diante da absoluta incapacidade de se tocar qualquer negócio no país, mais de 3 bilhões de dólares fugiram do Irã.

O xá concordou em introduzir uma constituição, porém já era tarde para isso. Com a pressão do presidente norte-americano Jimmy Carter (que ameaçou embargar o suprimento de armas), o regime fez concessões a última hora, libertando trezentos prisioneiros políticos, relaxando a censura e reformando o sistema judicial. As medidas, ao contrário do esperado, provocaram o aumento dos protestos da oposição.

O ataque à figura do imã Khomeini na imprensa oficial do país foi um evento em um ciclo ascendente de lutas. A maioria da população centrava suas expectativas em Khomeini e, quando ele pediu o fim completo da monarquia, o xá foi forçado a abandonar o país, em 16 de janeiro de 1979. O rei transferiu o governo para Chapour Bakhtiar, advogado de 63 anos, "liberal", tido como liderança moderada da oposição (Frente Nacional) ao regime.

A política iraniana dos Estados Unidos entrara em colapso total. O embaixador em Teerã, William Sullivan, opunha-se a qualquer entendimento com o aiatolá Khomeini. Zbigniew Brzezinski, assessor de Segurança Nacional, defendia irrestrito apoio ao governo do Irã, mediante, inclusive, como veremos, a repressão militar. Segundo o historiador Moniz Bandeira, os Estados Unidos queriam a liberalização do regime, mas somente depois que a ordem fosse restaurada, não importando os meios: por um governo de coalizão, ou pela repressão militar, ou ambos. Chapour Bakhtiar impôs como condição para assumir que o xá abandonasse o país e comprometeu-se a substituir a monarquia por uma república. O Pentágono e o Departamento de Estado elaboraram planos de contingência para defender os campos de petróleo. O presidente Carter enviou a Teerã o general Huizer, com a missão de assistir os militares iranianos e assegurar-lhes o respaldo dos Estados Unidos na eventualidade de um "enfrentamento com o povo". Caso o governo de Bakhtiar não conseguisse abafar a crise, a opção seria implementar a execução de um golpe militar, para reprimir a insurreição e restaurar a ordem.

Khomeini retornou da França em 1º de fevereiro de 1979, declarou sem efeito o regime imperial e conclamou a proclamação da "República Islâmica" do Irã. Em declarações ao jornal *Ettelaiat*, Khomeini deixava claro qual seria seu papel na revolução em curso: denunciou a dança e o cinema como anti-islâmicos e anunciou que a liberdade de expressão excluiria, de saída, tudo aquilo que não fosse "de interesse nacional".

Bastaram onze dias da presença de Khomeini em Teerã, após um exílio de quinze anos – no Iraque e depois na França –, para que a insurreição iraniana, com uma alternativa política "visível", ganhasse os contornos definitivos de um verdadeiro assalto popular ao poder. A recepção ao aiatolá contou com cerca de 5 milhões de pessoas. Uma greve total paralisava o Irã há dois meses. O primeiro-ministro Chapour Bakhtiar, no entanto, reiterou que não admitiria um poder paralelo a seu governo. Mas, antes do retorno de Khomeini, colaboradores do aiatolá comunicaram que o líder xiita organizaria o "Conselho da Revolução Islâmica", que governaria provisoriamente o Irã após a "queda do governo de Bakhtiar". Acrescentaram que armas estavam sendo distribuídas à população: "Ainda não foi dada a ordem de utilizá-las, mas a hora se aproxima". Quando o Boeing 747 da Air France pousou no aeroporto de Teerã, conduzindo o aiatolá, seu filho, cinquenta assessores e 150 jornalistas, no aeroporto havia cartazes com os dizeres: "Derrubemos o regime faraônico", "A nação muçulmana do Irã aceita de todo o coração o Conselho Revolucionário Islâmico eleito pelo grande líder".

Quando Khomeini, envolto em suas vestimentas escuras, apareceu na porta do avião, a multidão que cercava o aeroporto irrompeu em uma aclamação estrondosa. Protegidos por membros de uma "polícia islâmica" – 50 mil voluntários foram organizados para proteger o aiatolá – Khomeini foi conduzido, em um automóvel, ao salão de honra do aeroporto. Personalidades políticas e religiosas esperavam o aiatolá, entre elas o aiatolá Taleghani, líder religioso de Teerã; Karin Sanjabi, presidente da Frente Nacional de Oposição; representantes das igrejas síria e armênia; e inúmeros dirigentes religiosos xiitas. As primeiras declarações do líder xiita foram no sentido de que a luta contra a monarquia estava tendo êxito, mas "esta é apenas uma primeira etapa". Em seguida, Khomeini pregou a união de toda a oposição na luta contra a monarquia iraniana. A TV iraniana cobriu durante vinte minutos a chegada de Khomeini ao Irã, interrompendo em seguida a transmissão em virtude de "dificuldades técnicas".

Após deixar o aeroporto, Khomeini seguiu em carro aberto na direção do cemitério Behechte Zahra, onde estava sepultada a maior parte das vítimas da violência dos últimos meses no Irã. No cemitério, ele fez um discurso à nação, indicando o rumo a seguir para a proclamação da "república islâmica". Atrás do carro do líder religioso seguiam vários microônibus, levando os jornalistas e dirigentes políticos e religiosos.

Assim que a comitiva iniciou o percurso de 32 quilômetros que separavam o aeroporto do cemitério, o cordão de proteção formado por 50 mil pessoas simplesmente desapareceu, pulverizado em meio à maré popular que se estendia até onde alcançava a vista ao longo das avenidas de Teerã. Ao alcançar a praça central da capital – rebatizada Khomeini durante as últimas manifestações – o veículo que conduzia o aiatolá perdeu-se em meio à multidão que bloqueava completamente as ruas. Foi desligado o motor do automóvel do aiatolá, que passou a ser empurrado pela multidão, que levava enormes retratos de Khomeini e gritava "Alá é grande" e "Khomeini é nosso chefe". Em vista da impossibilidade de chegar ao cemitério pelas ruas completamente congestionadas, o aiatolá completou a distância em um helicóptero. Chegando a Behechte Zahra, Khomeini foi levado à tribuna instalada na praça dos mártires da revolução, enquanto um orador afirmava que "o heroico povo do Irã deseja unanimemente o estabelecimento de uma república islâmica no país, dirigida pelo aiatolá Khomeini". Em seguida, pela primeira vez, ouviu-se o hino da república islâmica.

Khomeini criticou em seu discurso o governo do premiê Chapour Bakhtiar, chamando-o de ilegal, do mesmo modo que o Parlamento, e ameaçou prender o primeiro-ministro caso não renunciasse. O aiatolá criticou a dinastia Pahlevi e afirmou que a Constituição monárquica de 1906 fora estabelecida pelas baionetas, contra a vontade da nação iraniana. Khomeini também não poupou críticas aos Estados Unidos e reiterou que expulsaria os assessores militares norte-americanos do Irã. Ao sair do cemitério, o líder religioso rumou ao hospital Pahlevi para visitar os feridos durante as últimas manifestações, para mais tarde dirigir-se a uma ex-escola, especialmente preparada pelos dirigentes religiosos xiitas para receber o aiatolá.

Já na cidade norte-americana de Los Angeles, o xá Reza Pahlevi dava a última pá de cal a seu próprio regime. Dias antes de abandonar o Irã, ele dera aos chefes militares iranianos instruções para "atirar à vontade" contra os manifestantes, durante sua ausência, com o objetivo de provocar uma guerra civil prolongada e facilitar seu retorno ao poder, segundo discurso de 15 minutos contido em uma fita, divulgada pela emissora de televisão KNTX, operada pela cadeia CBS. O discurso continha instruções que o xá dera aos chefes militares dias antes de abandonar o Irã, gravadas em fita que depois fora retirada do país por um general do exército dissidente. A fita fora entregue à CBS por um representante da Frente Nacional de Oposição nos Estados Unidos: suas reproduções foram vendidas a dois ou três dólares nas ruas de Teerã.

> Criando hostilidade e ódio entre o Exército e o povo, ordenando aos soldados para atirar a vontade e matar, vocês poderão jogar estas duas forças poderosas uma contra a outra. Uma longa guerra civil, assim criada, nos dará tempo suficiente para que possamos idealizar contramedidas, como por exemplo a formação de um governo que seria aceitável até certo ponto pelo povo.

dizia a voz gravada, identificada pelos especialistas como sendo a do xá. "O povo não deve ter liberdade em excesso, pois já mostrou que não merece esta bênção que lhe concedi", dizia o xá, a essa altura já desligado de toda realidade. Como diziam os antigos inimigos dos persas, "Zeus enlouquece àqueles a quem quer perder".

No discurso na Praça dos Mártires da Revolução, Khomeini convocou o povo a derrubar o governo de Bakhtiar. Sobre a monarquia iraniana e a dinastia dos Pahlevi, disse:

> A dinastia Pahlevi foi desde o começo contra as normas. A Constituição que a estabeleceu (a Constituição de 1906) foi imposta, a nação não a desejava. Estabeleceram a Constituição com as baionetas e forçaram a aprovação das leis. Ele (o xá) ainda está tentando um meio de voltar. O Irã sofreu cinquenta anos de tirania. Perdemos tudo, nosso solo, nossa cultura.

Sobre o governo de Bakhtiar e o Parlamento: "O Parlamento e o governo são ilegais. Se eles continuarem no poder, nós os prenderemos e eu atirarei contra suas bocas... *Nem o Exército nem o povo* considera o governo de Bakhtiar legal" (grifo nosso). "Acreditais por acaso que o Parlamento atua em vosso nome? O Parlamento é ilegal porque o xá é ilegal. Processarei os membros do governo do premiê Bakhtiar em tribunais que eu mesmo designarei."

Sobre o Exército iraniano e os Estados Unidos, dizia Khomeini: "Queremos um Exército livre, orgulhoso e sólido... Unam-se (os militares) à maioria do povo e deixem de assassinar os filhos do Irã. Queremos que vocês (os generais iranianos) sejam independentes dos assessores norte-americanos". Khomeini punha-se à cabeça da revolução exatamente para que ela preservasse aquela que tinha sido a base do regime agora em retirada: as Forças Armadas. Ou seja, para limitar decisivamente o alcance da revolução.

Nas ruas de Teerã e nas principais cidades, homens e mulheres enchiam de terra sacos de estopa, levantavam barricadas com tijolos e madeira. E muitos entre eles traziam faixas de tecido branco na testa, símbolo muçulmano da disposição de morrer em combate. Envoltas em seus véus negros, os *tchadors*, mulheres de todas as idades ocupavam-se em uma frenética fabricação de coquetéis molotov. E pelas esquinas de Farahabad, bairro no setor leste de Teerã, jovens interrompiam os passantes para colocar-lhes nas mãos uma metralhadora, um fuzil – o convite para juntar-se à *jihad*, a guerra santa islâmica que começava a engolfar o Irã.

Um ano depois das primeiras passeatas contra o regime do xá Mohammed Reza Pahlevi, que governara o país com mão de ferro durante 37 anos, era toda a população de Teerã que se sublevava para tomar o poder pelas armas. O sábado, 10 de fevereiro, foi um dia sangrento na capital do Irã. Durante todo o dia, multidões investiram contra quartéis, delegacias de polícia e outros postos de resistência da monarquia. A cidade cobriu-se de grossas espirais de fumaça que, aqui e ali, indicavam tanques do Exército e edifícios públicos incendiados. Tudo que se ouvia eram explosões e tiros.

Ouviam-se também, e principalmente, os gritos dos seguidores do aiatolá Khomeini, que insuflavam o povo por meio de alto-falantes. No fim da tarde, combatia-se por toda a cidade. Pelo menos duzentos mortos e oitocentos feridos haviam sido recolhidos das ruas. E a fúria do levante popular trazia a lembrança de um mundo surpreso, cenas que se acreditavam definitivamente arquivadas nos livros de história ou nos relatos do passado.

Os cadetes da base aérea Dashan Tadeh amotinaram-se contra seus oficiais. As Forças Armadas, a única instituição que ainda barrava o avanço das massas iranianas rumo ao poder em Teerã, começavam a ceder. Unidades da Guarda Imperial, tropa de elite fiel ao governo do primeiro-ministro Chapour Bakhtiar, foram chamadas para sufocar o levante. Mas os soldados mal haviam chegado a Dashan Tadeh quando milhares de populares armados surgiram nas imediações da base para reforçar a posição dos cadetes. Começou então a batalha – e o sangue não deixaria mais de correr até a derrocada final do governo.

Os combates não tardaram a estender-se a um arsenal militar situado nas proximidades, o de Eshratabad, e prolongaram-se durante toda a noite. Na manhã de domingo, finalmente, renderam-se os últimos oficiais leais ao governo. Pouco depois, o Estado-Maior das Forças Armadas comunicava que as tropas seriam chamadas de volta aos quartéis, "para evitar mais derramamento de sangue e anarquia". Era, na prática, a retirada de apoio militar ao desprestigiado governo de Bakhtiar. Os soldados começaram a fraternizar com a multidão, gritando: "Nós estamos com o povo". De imediato, o primeiro-ministro Bakhtiar, que, segundo as primeiras versões, teria-se suicidado, apresentou sua renúncia.

O estrategista norte-americano Zbigniew Brzezinski, assessor do presidente Carter, durante a revolução de 1979, foi um "defensor do punho de ferro", exigindo do xá que "esmagasse" e matasse tanta gente quanto necessário para se manter no poder (fato relatado em *The Iranian Revolution: An Oral History*, de Henry Precht, à época chefe do Gabinete sobre o Irã do Departamento de Estado dos Estados Unidos). Na mente dos peritos em estratégia, só parece haver lugar para os interesses e conflitos entre Estados, não para a luta de classes, que faz explodir, justamente, as bases dos próprios Estados.

Com a vitória da insurreição dos dias 10 e 11 de fevereiro, a ordem antiga foi varrida para sempre. A população estava consciente de seu poder, mas não consciente de como organizar o poder que agora estava em suas mãos.

Uma explosão de júbilo tomou conta da capital, mas a comemoração foi breve. Em poucas horas, espalharam-se rumores de que a saída de cena das Forças Armadas não passara de um blefe dos comandos militares. De Dashan Tadeh, a massa humana dirigiu-se contra o Palácio Golestan, ex-residência do xá, mais tarde destinada a hóspedes de Estado. Depois, investiu contra o escritório do primeiro-ministro Bakhtiar, que, àquela altura, estava desaparecido. A casa de Bakhtiar também foi saqueada, assim como a sede da missão comercial de Israel, a sede da missão militar americana – já abandonada pelos seus ocupantes – e o prédio onde funcionava a Câmara Baixa do Parlamento.

Não faltou nem mesmo um apoteótico assédio à maior prisão iraniana, a de Jamshidiyeh, em Teerã. De um só golpe, nada menos de 11 mil presos, muitos deles criminosos comuns, ganharam a liberdade. Mas a massa popular queria, também, acertar contas com alguns membros do antigo regime aí encarcerados por corrupção. Suas presas mais desejadas: o ex-primeiro-ministro Amir Abbas Hovejda, que ocupou o posto por treze anos, e o ex-chefe da odiada polícia política, a Savak, general Nematollah Nasiri. Hovejda e Nasiri, que haviam sido presos por ordem do xá no fim de 1978, como uma concessão aos opositores do regime, foram salvos do linchamento pela chamada guarda islâmica de Khomeini – a essa altura abrindo fogo não mais para derrubar o governo, e sim para tentar restabelecer alguma ordem. Salvos, mas não por muito tempo, ambos foram conduzidos a um cárcere improvisado no quartel-general do aiatolá. E, na sexta-feira, após um julgamento sumário, Nasiri seria fuzilado juntamente com mais três generais as primeiras de uma série de cabeças que rolaram.

Uma época histórica se fechava para o país. O Exército dissolveu-se, assim como a Savak e o *Majilis*, a assembleia dos deputados que sustentavam o regime deposto. Todo o sistema político-militar iraniano, apoiado pelo imperialismo ocidental desde 1953, ruíra. Antes de 1979, para o imperialismo norte-americano, o Irã era barreira crucial contra os avanços soviéticos no Oriente Médio e no sul da Ásia. Suas reservas de petróleo eram vitais para o interesse ocidental em geral. A revolução abria um período de incertezas para o Ocidente.

A vitória das massas iranianas, desarmadas, sobre um exército poderoso, municiado e treinado pelos Estados Unidos, infundiu notável confiança nas sociedades ditas islâmicas. A vitória do movimento popular iraniano alterou radicalmente as perspectivas do Oriente Médio como um todo. Por outro lado, durante o exílio, as mensagens de Khomeini foram distribuídas por fitas cassetes que entravam clandestinamente no Irã em pequenas quantidades. Uma vez lá, elas eram reproduzidas e propagadas. As massas interpretaram o chamado para uma República Islâmica como uma república do "povo" (e não dos ricos), em que suas demandas seriam atendidas.

Do ponto de vista das relações internacionais, e da política mundial dos Estados Unidos, o Ocidente perdera um de seus mais importantes peões no Oriente Médio. Com seus 2.600 quilômetros de fronteira com a União Soviética, o Irã era uma base ideal para os sofisticados aparelhos americanos de acompanhamento eletrônico das atividades militares e espaciais soviéticas. Mais do que isso, o Irã era uma fonte vital de petróleo para Europa, Japão e Estados Unidos. E, para completar, empenhava-se de bom grado na missão de policiar o estratégico Golfo Pérsico. Mas a derrota ocidental no Irã não se limitava à perda de um "protetorado": era a admissão do fracasso do sistema de Estados-clientes, que florescera nos anos da Guerra Fria. A chamada defesa ocidental baseara-se em pactos regionais centrados em Estados-clientes – países intermediários, como o Irã, que se alinhavam aos interesses estratégicos americanos em troca de ajuda econômica e militar. Com a revolução iraniana, os Estados-clientes já não eram mais confiáveis.

Segundo Ken Pollack, antigo analista da CIA e perito sobre o Irã da Brookings Institution, em Washington, para evitar a expansão da revolução iraniana para outros países da região, os Estados Unidos fizeram um acordo com os *mulás* em reunião secreta organizada pelo general norte-americano Gerry Huizer, que liderava uma missão em nome do presidente Jimmy Carter. Os Estados Unidos teriam deixado os *mulás* chegar ao poder porque temiam que, se a revolução continuasse, poderia dar lugar ao crescimento de forças mais radicais. Ou seja, diante dos inesperados acontecimentos, os estrategistas norte-americanos tiveram que inventar uma nova estratégia, no calor dos acontecimentos. E, de fato, no dia seguinte à derrubada do xá, a supressão da esquerda começou no Irã, o que levaria finalmente ao enforcamento do líder do Tudeh e ao massacre de militantes do Partido Comunista e de outras forças da esquerda.

Khomeini e o clero xiita estavam longe de ser a única força política no campo revolucionário. Com a tomada de quartéis e arsenais ao longo do fim de semana revolucionário, cerca de 140 mil armas caíram nas mãos dos rebeldes. E, apesar dos apelos de Khomeini para que a população os entregasse à guarda islâmica, só pouco mais de 10 mil haviam sido recuperadas. A maior parte desse material estava em poder dos guerrilheiros marxistas, como os do grupo *Fedayin Khalq*. Criada em 1971, a organização de esquerda unira-se ao movimento liderado por Khomeini para a derrubada do xá, mas mantinha sua independência política e organizacional. No governo provisório, uma disputa em surdina era travada entre o clero xiita e a ala "laica" (ou liberal). O premiê provisório Mehdi Barzagan insistia em coletivas de imprensa em que o governo iria proclamar uma República Democrática Islâmica, em vez de uma República Islâmica, sem mais. Barzagan rejeitava modelos "como os da Líbia, ou da Arábia Saudita". O curso tomado pela revolução, no entanto, acabou por varrer a alternativa democrático-liberal.

Na verdade, um duplo poder prevaleceu em Teerã em fevereiro de 1979. Os governantes do regime deposto fugiram, enquanto os trabalhadores, que sustentaram as fábricas e refinarias, organizaram comitês democráticos de trabalhadores e tomaram as armas das fragmentadas Forças Armadas. A euforia unitária da revolução, na verdade, durou pouco. A luta eclodiu entre as várias facções de esquerda e os líderes religiosos. Os *fedayin*, estimulados pelas armas que detinham, defendiam a criação de um exército popular para substituir as Forças Armadas, e também a transformação do conselho de representantes eleitos das comissões de greve em um conselho revolucionário o que equivaleria, na prática, a um *soviet*. Reivindicavam ainda o controle das grandes instituições nacionalizadas, como a Companhia Nacional de Petróleo e a Rádio e Televisão Nacional.

O duplo poder teve certa extensão nacional. A população assumiu o controle em várias cidades e povoados, em especial no norte azeri e na região do mar Cáspio (Zanjan, Orumich, Salmas, Ardabil Maraghel e Abjasheer). Os *shuras*, comitês operários, surgiam da experiência imediata, e onde se encontravam assumiam o debate e a direção das questões cotidianas, assim como os *soviets* da revolução outrora acontecida na vizinha Rússia. Havia também *shuras* na Força Aérea, depois da insurreição desta contra o antigo regime. Os *shuras* se opunham às demissões, cobravam os salários atrasados e procuravam atender a reivindicações dos trabalhadores. Khomeini mandou os trabalhadores voltarem ao trabalho e procurou reafirmar a autoridade do Estado (ainda que este estivesse quase dissolvido) declarando que "qualquer desobediência ou sabotagem ao governo provisional será considerada oposição à revolução islâmica". A revolução islâmica tornara-se a tábua de salvação do Estado, contra a emergência, certamente ainda embrionária, da ordem própria e independente dos explorados. Esse era, finalmente, seu verdadeiro conteúdo.

Havia, em contrapartida, um foco de resistência do antigo regime na cidade de Tabriz, capital da província do Azerbaijão, no Norte, a 100 quilômetros da fronteira com a União Soviética. Aí, agentes da Savak enfrentaram os populares, com um saldo de setecentos mortos.

Muito mais ativos que o partido comunista do Irã, o Tudeh – na clandestinidade desde 1949 –, eram os grupos marxistas-leninistas *fedayin*. Seu quartel-general era a Universidade de Teerã e foram eles, na verdade, os que tomaram a dianteira nos combates de rua. Também conquistaram posições entre os trabalhadores dos campos petrolíferos.

Chapour Bakhtiar, tido como veterano oposicionista, que abandonou os correligionários ao aceitar sua nomeação pelo xá, fora obrigado a deixar o governo e fugiu do país (anos depois seria assassinado em Paris), sendo substituído pelo governo de Mehdi Barzagan, ex-companheiro de luta política, dirigente e cabeça visível da Frente Nacional de Oposição. O tecnocrata muçulmano foi designado para o posto por Khomeini. Barzagan, ex-ministro de Mossadegh e fundador do Conselho de Direitos Humanos, teve, de saída, a concorrência da guarda revolucionária xiita (*pasdaran*), que prendia, julgava e executava sumariamente membros do antigo governo do xá e militantes de grupos rivais. Barzagan renunciaria em novembro, após a invasão da embaixada americana pelos militantes xiitas.

Em agosto de 1979, anularam-se acordos de compras de armas dos Estados Unidos e interrompeu-se o fornecimento de petróleo para esse país. Em razão do asilo norte-americano concedido ao xá – que alegava motivos de saúde –, em novembro produziu-se a tomada da embaixada americana em Teerã e do seu pessoal como reféns, um total de 53 pessoas pelos *fedayin*. Depois de quase duas horas de cerco, os dezoito fuzileiros navais que defendiam a embaixada haviam recebido ordem do embaixador William Sullivan para que se rendessem em vista do maior poder de fogo dos atacantes. Estes já retiravam os 140 ocupantes da embaixada, sob a mira de fuzis, quando a guarda islâmica os regatou.

A tomada de reféns na embaixada, logo após o ex-xá receber permissão para entrar nos Estados Unidos para tratar um câncer, foi largamente usada para manipular a opinião pública norte-americana. A Operação Ajax de 1953 não era conhecida, ou era considerada mais uma das várias invenções oriundas das teorias da conspiração que surgem de tempos em tempos sobre determinado fato. Ao protestarem contra a entrada do xá nos Estados Unidos, os estudantes iranianos temiam uma repetição da Operação Ajax para conduzi-lo novamente ao poder.

A ação visava também a pressionar e liberar recursos iranianos congelados – aproximadamente 23 bilhões de dólares – em contas nos Estados Unidos. Os funcionários norte-americanos foram tomados como reféns e o governo iraniano, ainda civil, de Bani Sadr, não conseguiu promover uma solução negociada. A União Soviética pronunciou-se pela devolução imediata dos reféns e a desocupação da embaixada *ianque*, a mesma coisa fez a China. O Irã estava sozinho.

Em abril de 1980, tropas norte-americanas tentaram um resgate dos reféns, mas a operação fracassou. A missão de salvamento ordenada pelo presidente Jimmy Carter falhou quando os helicópteros enviados tiveram de enfrentar condições adversas de tempo no deserto em Tabas, e se espatifaram contra o solo, matando seus tripulantes militares. Isso reforçou a ala do clero xiita no governo iraniano. Em 23 de fevereiro de 1980, Khomeini afirmou que o Parlamento iraniano iria decidir o destino dos reféns da embaixada americana.

Muitos comentaristas apontam a trapalhada militar de Carter como principal causa de sua derrota nas eleições seguintes (1980), ganhas por Ronald Reagan. Documentários televisivos revelaram, de fato, que houve uma negociação secreta entre Ronald Reagan e o Irã para alongar a crise até as eleições. Pouco depois de Reagan ser eleito o problema foi "milagrosamente" resolvido. Em janeiro de 1981, após 444 dias de cativeiro, os reféns da embaixada norte-americana foram libertados por gestões diplomáticas da Argélia. Os recursos do Irã depositados em bancos ocidentais foram liberados, a vitória do Irã foi total. Os 23 bilhões de dólares, congelados em bancos norte-americanos, foram devolvidos ao país. Os reféns voltaram aos Estados Unidos, Reagan marcou pontos na agenda internacional e o Irã recebeu uma compensação em forma de armamentos (vendidos clandestinamente pelos Estados Unidos, como veremos).

Finalmente, em dezembro ditou-se uma nova constituição, teocrática. A *Sharia*, Lei Islâmica, foi adotada como lei do país. As religiões existentes no país passaram a ter seus próprios tribunais. Os cristãos armênios, cristãos assírios, cristãos caldeus, zoroastras e judeus ganharam direito de ter seus representantes na Assembleia do país. A política internacional do país, no entanto, era fortemente contrária ao Estado sionista.

Eram tempos de *détente*, contexto em que Estados Unidos e União Soviética passaram a buscar a pacificação do Oriente Médio, sobre a base das fronteiras e equilíbrios estabelecidos conjuntamente depois da Segunda Guerra Mundial. Esse esforço conjunto das superpotências resultou na aproximação entre Egito e Israel, formalizada em 1979 com a assinatura dos acordos de Camp David, assinados pelo presidente egípcio Anuar Sadat e pelo primeiro-ministro israelense Menahem Begin. O Egito transformou-se no primeiro país muçulmano a assinar um tratado de paz com Israel. Na década de 1980, Israel devolveu parte de Golan à Síria e o Sinai ao Egito, mas assentou colonos na Cisjordânia e na faixa de Gaza.

Nesse contexto, a revolução iraniana introduziu um novo fator de desequilíbrio no desenho do Oriente Médio feito pelos *senhores do mundo*, provocando nova ofensiva diplomática dos Estados Unidos em busca de um acordo estratégico entre Israel e os países árabes. Como observou um correspondente norte-americano, na época:

> O Egito está convencido de que, justamente por causa da turbulência espalhada na área pela revolução iraniana, este é o momento de fazer a paz. Um acordo egípcio-israelense contribuiria para estabilizar a área. Mais ainda, o Egito, liberado seu exército de guardar as fronteiras com Israel, tem acenado com a possibilidade de desempenhar ele o papel antes desempenhado pelo Irã, de polícia do mundo do petróleo. Até mesmo, para demonstrar suas intenções, o presidente egípcio Anuar Sadat enviou, nas últimas semanas, um punhado de assessores militares a Omã, como faria o xá. E os Estados Unidos, aparentemente, mostram-se sensibilizados com as posições egípcias. Resta saber se os israelenses cederão – eles que, até agora, raciocinando de maneira totalmente inversa, têm pregado que a instabilidade no Irã é um motivo a mais para não renunciar aos territórios ocupados nem estender a mão com demasiada pressa aos inimigos árabes.

Em fins de 1979, o primeiro-ministro Mehdi Barzagan, encarregado de construir as instituições da república islâmica, por um plebiscito popular sobre o abandono formal da monarquia e eleições para uma Assembleia Constituinte, renunciou, incapaz de duelar com a esquerda armada, os guardas islâmicos e as dificuldades econômicas, ao mesmo tempo. Em janeiro de 1980, Abolhassan Bani-Sadr foi eleito (ou melhor, designado) presidente e formou um governo de coalizão para realizar reformas democráticas moderadas. Mas em agosto foi obrigado a aceitar a indicação de Ali Radjai, homem dos *mulás*, para primeiro-ministro. Também enfrentou a crise com os Estados Unidos e viu-se diante da invasão iraquiana, em setembro. Os choques dos xiitas contra Bani-Sadr o levaram a exilar-se em junho de 1981.

A classe trabalhadora encabeçou a luta contra o xá mediante manifestações, uma greve geral de quatro meses e finalmente uma insurreição nos dias 10 e 11 de fevereiro de 1979. A classe operária iraniana, a grande força da revolução, esteve organizada nos *shuras* (praticamente *soviets*) até 1981. A despeito do heroísmo dos trabalhadores, estudantes e juventude, havia a ausência de uma direção marxista. As maiores forças de esquerda no Irã na época eram o partido comunista Tudeh, a guerrilha marxista *Fedayin Khalq* e a guerrilha islâmica *Mujahedeen*. Apesar da grande militância e de uma forte estrutura e armamentos, não possuíam uma política independente para a classe trabalhadora. No momento crítico da revolução, impulsionavam palavras de ordem como: "Vingança contra o brutal xá e seus amigos imperialistas americanos", ou "Uma república socialista baseada no Islã".

O destino das massas foi decidido quando o poder real parecia estar em mãos da esquerda e o Tudeh fixara o objetivo de estabelecer uma República Muçulmana Democrática, ou seja, renunciara ao papel de liderança da revolução para seguir a agenda política dos *mulás*. Diante do retorno triunfante do exílio de Khomeini, o Tudeh imediatamente declarou seu apoio total à formação do Conselho Revolucionário Islâmico.

A revolução foi, de fato, tomada dos trabalhadores em 1979, principalmente pela política hesitante das organizações de esquerda. Os *mulás* militantes estavam em melhor posição para dirigir a revolução, pois eram a única força com intenções políticas definidas, organização e uma estratégia prática. Em 1º de abril, Khomeini obteve uma vitória arrebatadora em um referendo nacional no qual as pessoas tinham uma simples escolha – República Islâmica: "sim" ou "não".

No entanto, Khomeini foi forçado a dar passos cuidadosos. Conflitos estouraram entre a Guarda Revolucionária

Islâmica e trabalhadores que queriam manter as armas adquiridas durante a revolução. Khomeini denunciou aqueles que queriam manter a greve geral como "traidores que devemos socar na boca". Mas, simultaneamente, fez grandes concessões aos trabalhadores. Assistência médica e transportes gratuitos foram introduzidos, as contas de água e luz foram canceladas e os bens essenciais foram fortemente subsidiados.

6. A CRISE INTERNACIONAL E A GUERRA CONTRA O IRAQUE

Com os cofres públicos vazios e o desemprego chegando a 25%, decretos de nacionalização de empresas foram implementados em julho de 1980. Ao mesmo tempo, houve a implantação de cortes jurídicas especiais, com o poder de impor a sentença de dois a dez anos de prisão, "por práticas desordeiras nas fábricas, ou agitação de trabalhadores". O Partido Islâmico Republicano criado pelos *mulás* do Conselho Revolucionário era ligado à pequena burguesia e aos comerciantes, que queriam a ordem e a defesa da propriedade privada. Na primeira fase da revolução, houve uma aliança entre grupos liberais, de esquerda e religiosos para depor o xá; na segunda, a propriamente chamada Revolução Islâmica, viu-se a chegada dos aiatolás ao poder.

A queda de Bani-Sadr e a eleição de membros do clero para a presidência e a chefia de governo, em junho de 1981, consolidaram a hegemonia do Partido Republicano Islâmico e deram início à República Islâmica. Intelectuais de esquerda, comunidades religiosas rivais, organizações feministas, partidos democráticos e socialistas passaram a ser reprimidos. A lei islâmica se sobrepôs à lei secular. Em três anos, todas as leis seculares foram anuladas, juridicamente ou *de facto*. Códigos de vestimenta feminina foram estabelecidos por severa interpretação dos costumes islâmicos.

Grupos de esquerda de oposição cometeram atentados contra o clero e o governo. Os aiatolás Khamenei e Mussavi assumiram então a presidência e a chefia do governo, intensificaram a repressão com uma campanha contra os suspeitos de espionagem a favor "dos Estados Unidos, da União Soviética ou do Iraque", ou de violações da lei islâmica.

A criação da República Islâmica teve significado amplo. Apesar de xiita, a maioria dos muçulmanos dos outros países percebeu que o islamismo político tinha capacidade para chegar ao poder. Com o descrédito sofrido pelo nacionalismo árabe durante a década de 1970, as sociedades muçulmanas assistiram, gradualmente, à substituição do pan-arabismo pelo pan-islamismo como ideologia política de massas. Depois de tomar o poder, Khomeini pregou a "revolução islâmica" universal.

Sentiu-se o impacto provocado pela revolução iraniana, em 1979, na Arábia Saudita. No dia 20 de novembro, cerca de duzentos militantes islâmicos armados ocuparam a Grande Mesquita de Meca como forma de protesto contra a corrupção interna e a política de alinhamento com os norte-americanos. Apesar de ter enfrentado forte resistência, o Exército do reino acabou por derrotar os assaltantes. Todavia, e com algum espanto, os estrategistas imperiais tomaram conhecimento da existência de uma oposição islâmica na Arábia Saudita, o baluarte dos Estados Unidos na região. A partir de então devia considerar-se o componente religioso da população, já que havia na Arábia Saudita nada menos que 800 mil muçulmanos xiitas. O problema, no entanto, não era basicamente religioso. Uma revista conservadora norte-americana publicou:

> *O regime do rei Khaled e do príncipe Fahd – o verdadeiro executivo do país – tem medo, ainda que não o diga expressamente, de uma revolução do tipo iraniano em suas fronteiras. E como ficaria o mundo, por exemplo, com uma greve nos poços de petróleo da Arábia Saudita?* (grifo nosso)

Não era o aspecto islâmico, mas o lado socioeconômico, da revolução iraniana, que os assustava.

Toda a nevrálgica região do Oriente Médio parecia iniciar uma caminhada a galope para uma era de desestabilização. Uma guerra de fronteira estourou entre dois velhos inimigos, o Iêmen do Sul, de regime pró-União Soviética, e o Iêmen do Norte, pró-ocidental. Diante disso, a comedida Arábia Saudita anunciou o alerta total em suas Forças Armadas e chamou de volta um contingente de 1.200 homens que mantinha como força de paz no Líbano. Os sauditas, já alarmados com os acontecimentos do outro lado do Golfo Pérsico, agora ouviam o troar dos canhões em seu flanco sul. Várias outras capitais árabes davam sinais de angústia e preocupação.

Nenhum país, porém, mostrava tanto alarme em relação aos acontecimentos quanto a poderosa e milionária Arábia Saudita. Um analista afirmou que, até a revolução iraniana, o equilíbrio da área "repousava em um tripé: o dinheiro da Arábia Saudita, o Exército do Irã e o petróleo dos dois", respectivamente, o primeiro e o segundo exportadores mundiais. Não havia mais o Exército do xá para, por exemplo, intervir, como o fizera no passado, quando era o caso de sufocar guerrilhas em Omã. A Arábia Saudita sentia-se só e ameaçada.[1] Daí o desespero que demonstrou com a eclosão da guerra entre os dois Iêmens. Os Estados Unidos dispensaram as exigências de praxe e intensificaram a remessa de armas para a Arábia Saudita, temerosos da situação no Iêmen do Norte, que lutava contra o Iêmen do Sul (assessorado por 2.700 soldados cubanos e trezentos conselheiros soviéticos). O porta-aviões *Constellation* e seu séquito de destróieres se movimentaram de novo.

A revolução iraniana pôs em xeque as credenciais islâmicas da Arábia Saudita e, por consequência, das demais monarquias do Golfo Pérsico, ao expor os laços desses Estados com os Estados Unidos. O pilar antigo e indispensável da legitimidade

---

[1] Na década de 1970, a Arábia Saudita aumentou suas despesas militares a um ritmo assustador. No ano fiscal 1967-1968, o governo havia gasto com armas apenas 328 milhões de dólares. Já no ano fiscal 1977-1978 a despesa era de cerca de 10 bilhões de dólares. Depois da revolução no Irã, começou uma correria. Conselheiros militares da Alemanha e da França foram importados para organizar divisões especializadas na repressão de manifestações de rua e na defesa da segurança das zonas petrolíferas. Paralelamente, uma espécie de cidade-fábrica de munições começou a ser montada em tempo recorde na região de Al Kharj, ao sul de Riad. Sistemas de controles eletrônicos especiais, com postos de escuta localizados a cada mil metros, foram reforçados em torno dos campos petrolíferos...

das petromonarquias, a defesa do Islã, começou a tremer diante do discurso do novo regime iraniano, que tornara público o desejo de exportar a revolução islâmica para países vizinhos e para o restante do mundo. O surgimento do Conselho de Cooperação do Golfo (CCG), em 1981, deve ser entendido como uma resposta das petromonarquias à pressão do Irã. As consequências da crise na Arábia Saudita se tornariam, como é bem sabido, espetaculares.

Na esquerda ocidental, as opiniões se dividiam. Mulheres francesas se mobilizaram em solidariedade à manifestação em Teerã no dia 8 de março, em que mulheres se opunham à obrigação de usar o *hejab* e outras medidas assemelhadas. Michel Foucault tentou ilustrar a coragem da população iraniana se revoltando "a mãos nuas" contra o Exército do xá. Contudo, ao enraizar os eventos na história do xiísmo, desagradou a muitos: "não se impõe a lei a quem arrisca sua vida diante de um poder", escreveu. Acrescentando que a

> história é dominada pela Revolução do Terceiro Mundo, onde ela nunca tinha acontecido, a revolução vem a nós sob forma descarnada da violência pura para perder a evidência surda que a colocava em sobrevoo na história.

No artigo "À quoi rêvent les Iraniens?", de outubro de 1978, redigido após viagem ao Irã, Foucault escreveu:

> "O que vocês desejam?" Foi com esta pergunta que percorri Teerã e Qom, nos dias imediatamente posteriores ao levante de setembro. De propósito, não a coloquei para os políticos profissionais. Preferi discutir longamente com religiosos, estudantes, intelectuais interessados nos problemas do Islã, ou ainda com ex-guerrilheiros que haviam abandonado a luta armada em 1976, optando por atuar de outro modo, no interior da sociedade tradicional. "O que vocês querem?" Durante minha estada no Irã, não ouvi sequer uma vez a palavra "revolução" ser pronunciada. Mas, quatro de cada cinco vezes, me responderam: "o governo islâmico".[*]

---

[*] Tradução do autor.

Fred Halliday, diretor do Transnational Institute de Londres, daria uma interpretação contrária. Para ele não havia uma revolução islâmica no Irã: "O que aconteceu", disse, "foi uma revolução contra a velha classe política, na qual só houve um elemento catalisador organizado: a religião". A revolução contara com a participação dos *bawaris*, os comerciantes tradicionais presentes em todas as cidades iranianas. Muito ligados ao clero, eles recolhiam dízimos sobre seus ganhos. Por tradição, nomeavam líderes comunitários para organizar as procissões religiosas – e havia mais de 5 mil líderes só em Teerã, o que forneceu à revolução consideráveis recursos materiais.

A revolução acabou conduzida, depois de uma feroz luta política interna, pelo aiatolá Khomeini, cuja liderança se consolidou depois de uma série de manobras políticas, de uma repressão sangrenta contra a ala esquerda da frente antiditatorial (incluídos os grupos que reivindicavam o marxismo islâmico), e da repressão também dos operários petroleiros que ocuparam as refinarias, procurando imprimir à revolução um selo de independência de classe. O regime confessional iraniano não foi só o herdeiro da luta contra o xá, mas também de um banho de sangue, contra a esquerda e os trabalhadores de vanguarda.

Foi preocupada em contrabalançar os efeitos da Revolução Islâmica sobre as populações de suas repúblicas centroasiáticas (Turcomenistão, Azerbaijão, Tadjiquistão, Usbequistão, Quirguistão e Cazaquistão), e de sua possibilidade de conquistar uma via de acesso a "mares quentes" (no caso, a proximidade com o Oceano Índico), que a União Soviética invadiu o Afeganistão em 1979. O Politburo do PCUS ordenou que suas tropas transpusessem a fronteira afegã para dar apoio ao regime pró--União Soviética de Cabul. Quando ocuparam a Rádio Cabul na noite de 27 de dezembro de 1979, os chefes militares russos afirmaram: "Viemos para salvar a revolução". A intervenção da União Soviética no Afeganistão visava a "consolidar as conquistas da revolução socialista de abril de 1978" (na verdade, um golpe de Estado que tinha derrubado a monarquia e dado o poder ao partido *parcham*).

Desde o verão desse ano, a oposição afegã ao regime pró-União Soviética recorria à violência para combatê-lo. A resistência fundava no Islã sua legitimidade política, e os atos de violência eram vistos como o início da *jihad* (guerra santa) contra um governo apoiado por uma potência vizinha "infiel" que, além do mais, enviara suas tropas para o país. A presença soviética incitou uma rebelião generalizada entre as tribos e facções afegãs. As principais delas uniram seu esforço para fazer com que em cada vale do Afeganistão fosse preparada uma emboscada aos invasores.

A situação da oposição afegã melhorou ainda mais quando a *jihad* foi proclamada pelo clero. Milhares de combatentes, vindos de diversas partes do mundo islâmico, atravessando a fronteira do Paquistão, apresentaram-se para, embalados com um fuzil russo Kalichnikov ou empunhando um lança-míssil portátil Steiger norte-americano, rejeitar o Exército russo. Dinheiro não lhes faltou. Os recursos norte-americanos juntaram-se aos da Arábia Saudita e dos Emirados Árabes, além do que fora coletado pela diligência do então anônimo Osama Bin Laden entre as fortunas privadas do Oriente Médio.[2] A luta

---

[2] O milionário saudita Osama Bin Laden foi um dos que chegaram ao Afeganistão para combater os soviéticos. Era profundamente influenciado pelo radicalismo islâmico dos membros da Irmandade Muçulmana egípcia, discípulos do pensamento de Sayyid Qutb, que se refugiaram no reino saudita após terem sido expulsos do Egito na década de 1960. Alguns deles foram inclusive professores de Bin Laden na Universidade. Sob uma aparente estabilidade, vivia-se uma atmosfera de radicalismo político e religioso na Arábia Saudita, que culminou no assalto à Grande Mesquita de Meca. Estes meios radicais eram compostos por jovens universitários e com uma posição social privilegiada, à semelhança de Bin Laden. A invasão do Afeganistão levou esses jovens à ação. Em 1979, Bin Laden deslocou-se aos campos de refugiados no Paquistão, iniciando a ajuda financeira à resistência afegã. Em 1982, entrou finalmente no Afeganistão, juntando-se aos mujahideen. Quando, em 1984, regressou ao seu país, afirmou que tinha "vivido mais em dois anos no Afeganistão do que poderia viver em cem anos noutro sítio qualquer". Com o aumento da chegada dos combatentes muçulmanos dos países árabes, a partir de 1984,

estender-se-ia até abril de 1988, quando a União Soviética, impotente e após ter perdido 15 mil homens nas incontáveis armadilhas que lhes prepararam, ordenou que suas tropas se retirassem do país.³

O chamado terrorismo religioso chegou ao Afeganistão com a vinda dos combatentes islâmicos de todo o mundo muçulmano, especialmente dos países árabes. Até meados dos anos 1980, a ajuda externa era quase exclusivamente financeira. A partir de 1984, começaram a chegar combatentes voluntários para ajudar a causa afegã. Foi assim que a *jihad* contra o invasor soviético se transformou na grande causa do movimento radical islâmico, contribuindo para a sua mobilização política. O apelo à *jihad*, fora do Afeganistão, foi feito por grupos radicais islâmicos e não por Estados muçulmanos.

Na segunda metade da década de 1980, a causa afegã pareceu suplantar até a causa palestina. Calcula-se que entre 1982 e 1992, cerca de 35 mil combatentes islâmicos de todo o mundo estiveram na guerra do Afeganistão. As brigadas islâmicas internacionais, ou jihadistas, receberam a ajuda dos serviços

---

Bin Laden montou campos de treino militar na fronteira do Paquistão com o Afeganistão, por onde passavam aqueles que ficaram conhecidos como os "afegãos árabes". Foi a partir desse momento que Bin Laden plantou as raízes para o que viria a ser a Al Qaeda. No mesmo ano, Bin Laden conheceu o médico egípcio, Ayman al-Zawahiri, membro da Irmandade Muçulmana, que tinha fugido da prisão no Egito, e foi depois considerado o principal cérebro dos ataques do 11 de Setembro de 2001.

³ A vitória dos islâmicos afegãos contra o poderoso Exército Vermelho sacudiu o mundo islâmico. Entre os heróis dessa vitória emergiu a figura de Ahmed Shah Massoud, o "Leão do Panjshir". As consequências disso foram enormes. Dizia-se até que Maomé, depois de grande ausência, voltara para empunhar a espada do Profeta contra os infiéis e contra os hereges. A fronteira do Paquistão com o Afeganistão tornou-se então uma forja de *mujahedeens*, guerreiros "islâmicos". Cabul tornou-se assim a capital do fundamentalismo sunita, tendo no pouco conhecido *mullah* Mohammed Omar, nascido em 1959, seu mentor político e espiritual, surgindo no cenário do islamismo radical como uma espécie de imã oculto, aquele que poucos enxergam, mas a quem todos obedecem.

de informação do Paquistão e das organizações islâmicas paquistanesas, nomeadamente o *Jamaat-e-Islami* de Mawdudi e as *madrassas* (escolas islâmicas).[4] É igualmente verdade que os Estados Unidos deram apoio econômico e militar aos *mujaheedeen* afegãos. Iniciado com Jimmy Carter, o apoio norte-americano aumentou considervelmente na presidência de Ronald Reagan.

No Irã, houve contínuos choques e divisões dentro do Partido Republicano Islâmico (PRI), até a supressão da oposição interna. Controlada a divisão dentro do PRI, o regime se estabilizou, exercendo controle maior sobre os hábitos sociais e reprimindo os opositores, ex-aliados da revolução de 1979. Sessenta mil professores foram demitidos e milhares de trabalhadores dissidenttes foram mortos ou presos. O partido comunista iraniano, o Tudeh, que apoiara entusiasticamente Khomeini em seu retorno do exílio em 1979, foi banido em 1983. Conquistado o poder, Khomeini primeiro se preocupou em alijar a esquerda de qualquer influência significativa no novo Estado, e mais tarde expurgou-a da vida política iraniana, jogando-a na oposição clandestina.

O projeto original do "Estado revolucionário islâmico" consistia em um poder em que um imã ou líder espiritual

---

[4] A partir dessas bases, em campos especiais, mantidos com os mais diversos tipos de recursos, foram treinados milhares de combatentes, que depois foram expedidos para os mais variados destinos. Alguns dirigiram-se para a Bósnia indo ajudar os muçulmanos locais, ao passo que um número significativo deles misturou-se à guerrilha da Chechênia na primeira guerra que eclodiu no Cáucaso, em 1994-1996, para lutar contra as tropas da Federação Russa. Outros ainda infiltraram-se pela fronteira da Caxemira para pôr em fuga os indianos e assolar suas guarnições militares. Neste amplo raio de combates, os norte-americanos buscaram aliados políticos táticos, o que depois lhes custaria caro, quando os "guerreiros islâmicos" não mais se limitaram a lutar na Bósnia, na Chechênia, no Daguistão ou na Caxemira, mas por uma série de atentados seletivos, organizados pela *Al Qaeda* (A Base) de Bin Laden, visando a objetivos mais amplos: as "potências do mundo", Rússia, Estados Unidos e Índia.

exerceria a magistratura religiosa acima dos poderes instituídos, ficando para estes as funções de governo, nas quais os aiatolás não interfeririam. Na prática tal delimitação jamais ocorreu. Tanto Khomeini quanto seu sucessor Khamenei atribuíram-se poderes absolutos, relegando o Executivo, Legislativo e Judiciário à condição de subordinados. Os poderes eleitos se submeteram a um poder não eleito. Isso foi resultado de uma luta política, ou seja, da expressão política de uma luta de classes, não de uma suposta natureza religiosa do povo iraniano: os iranianos, como povo, nunca se mostraram exacerbadamente religiosos. A imagem dos funerais de Khomeini, onde uma multidão se autoflagelava nas ruas, foi atípica na história do país.

A revolução iraniana e suas consequências precipitaram, entre 1978 e 1981, a segunda crise de petróleo. A Revolução Islâmica no Irã e a guerra Irã–Iraque provocaram a queda na produção e a disparada dos preços. A política da Opep tornou-se mais agressiva: oito altas de preço se sucederam. Na Europa, convocaram-se reuniões de emergência – como as da Agência Internacional de Energia, entidade que congrega as dezenove nações mais industrializadas do Ocidente, e a dos países membros da então Comunidade Econômica Europeia.

No porto holandês de Roterdã – principal terminal petrolífero da Europa –, onde está instalado o centro do chamado mercado livre do petróleo (o produto oferecido para entrega imediata fora dos contratos de longo prazo e dos preços estipulados pela Opep), negocia-se, em tempos normais, o petróleo a preços abaixo dos fixados pela Opep. Mas em março de 1979, enquanto a Arábia Saudita vendia seu barril a 13,33 dólares, de acordo com o estipulado na Opep, no mercado livre de Roterdã o óleo chegava a 23 dólares o barril. Havia consumidores dispostos a pagar o que fosse para garantir seus estoques.

No Irã, Hassan Nazih, novo presidente da Companhia Nacional Iraniana de Petróleo – a empresa estatal petrolífera do Irã –, fizera seu primeiro discurso sobre as intenções do novo governo. Em seu pronunciamento, entre apelos a Alá e reverências a Khomeini, anunciou duas medidas principais: o Irã não mais negociaria com o consórcio de catorze empresas ocidentais que, nos últimos 25 anos, fora responsável por parte da produção e da comercialização do petróleo do país; enquanto sua produção não fosse regularizada, não firmaria contratos de longo prazo, mas ofereceria seu produto no mercado livre – aos preços de 18 a 20 dólares por barril.

O ministro Nazih atacou as companhias multinacionais como um bando especializado em "pilhagem" e dedicado a "apertar a garganta do Irã", e arrematou: "Com a ajuda de Alá, a palavra consórcio será eliminada do vocabulário iraniano". Por trás da linguagem de Nazih, o Irã deixava aberta a porta para um reatamento com as companhias petrolíferas estrangeiras, embora sob outra roupagem – ao afirmar que, apesar de não querer mais ouvir a palavra "consórcio", poderia vir a negociar com qualquer companhia internacional, mesmo as integrantes do antigo cartel, desde que elas se apresentassem a título individual. Mas, no imediato, o Irã adotava a decisão de vender o petróleo a preços entre quatro e seis dólares superiores ao preço médio da Opep. E, para demonstrar que não faltariam compradores, mesmo com os preços renovados, Nazih anunciou que o país já tinha um cliente: o Japão, o primeiro desde que o país entrara em colapso em sua produção petrolífera, e o qual deixara de exportar.

A crise iraniana marcou o pontapé inicial do novo rebuliço no mercado mundial de petróleo. Outros países – como a Arábia Saudita, o Kuwait e o Iraque – concordaram em elevar sua produção diária provisoriamente, de modo que compensasse a falta do produto iraniano. Ainda assim, ficaram faltando 2 milhões de barris por dia no mercado mundial. E os países que elevaram sua produção só concordaram em fazê-lo com a condição de colocarem seu produto no mercado livre, não de vendê-lo aos preços da Opep. Assim, a Arábia Saudita, por exemplo, ao elevar sua produção de 8,5 milhões de barris por dia para 9,5 milhões, passou a vender o milhão adicional por 14,54 dólares o barril – 1,21 a mais do que seu preço normal. Faltava petróleo no mercado. Era a crise completa.[5]

O Irã permanecia abaixo de seus níveis de produção mantidos na era do xá. De seus poços saíam pouco mais dos 700 mil barris diários de que o país precisava para seu consumo interno. O governo dizia querer situar a produção em 4 milhões de barris por dia, dos quais 3,3 milhões para a exportação, sem voltar aos tempos dos 6,5 milhões de barris por dia, dos quais 5,8 milhões para exportação. E alguns especialistas sustentavam que, com a debandada dos técnicos estrangeiros que trabalhavam no país, o Irã não atingiria sua anterior capacidade de produção.

Mas a razão principal era política, revolucionária. Uma publicação da época informava que

> o país já teria um suficiente quadro entre seus próprios técnicos para a produção... Mas há outro problema, talvez o maior, e de natureza puramente política: os iranianos ainda não conseguiram pacificar seus trabalhadores do setor do petróleo. Hoje, as paralisações no trabalho continuam a assolar os poços do Irã. Entre os trabalhadores, mais se realizam reuniões políticas do que trabalho. Os operários sofrem forte influência das esquerdas do país. E as esquerdas continuam pressionando para que a revolução iraniana seja levada mais a fundo do que Khomeini, até o momento, se mostrou disposto a levá-la.

A decisão do Irã, de não mais vender o seu óleo às multinacionais que exportavam o petróleo do país, preferindo negociá-lo diretamente com os consumidores pela Companhia Nacional Iraniana de Petróleo (Nioc), na verdade apenas

---

[5] Na França, o presidente do Sindicato dos Postos de Gasolina, Jean Leloup, prognosticou que em um mês a gasolina poderia ser racionada. Nos Estados Unidos, a Texaco anunciou que cerca de mil postos de gasolina estavam sendo fechados, enquanto companhias aéreas como a National Airlines e a TWA cancelaram dezenas de voos. O Ocidente capitalista descobria que seu "Estado de bem-estar" dependia de acontecimentos até então tidos como exóticos...

acentuou a pressão na caldeira. A Petrobras, então a maior empresa compradora de óleo do mundo, encontrou novos fornecedores para substituir parte das compras que efetuava do Irã – estimadas, antes da crise, em 200 mil barris por dia. O Iraque concordou em bombear 100 mil barris adicionais para atender, em regime de emergência, às necessidades brasileiras.

A crise prolongou-se e em 1980 alguns carregamentos de óleo bruto eram negociados a mais de 40 dólares o barril. Em março de 1982, a Opep decidiu fixar cotas de produção, limitando o total a 18 milhões de barris diários, para manter a cotação. Como a Carta da Opep permitia que as cotas fossem somente referenciais, apenas três países decidiram aplicá-las. A "pró-ocidental" Arábia Saudita reduziu sua produção em dois terços.[6] O crescimento médio das economias dos países da OCDE, previsto inicialmente para 3,5% em 1979, ficou pouco abaixo dos 2,5% (e ficou assim desde então...). Enfim, uma situação semelhante à de 1973, que resultou, como aquela, de uma crise de preços, não de escassez.

Após o segundo choque, o consumo de petróleo, tanto no mundo desenvolvido quanto naquele em desenvolvimento, aumentou bem mais vagarosamente. Houve grande redução do PIB nos países produtores e crescente competição, até mesmo guerras de preço, entre produtores de dentro e fora da Opep. Em março de 1983, a Opep concordou, pela primeira vez, em

---

[6] "Suponha que você seja um conselheiro econômico de um dos países da Opep e que os Estados Unidos venham lhe dizer que um aumento a mais significará a ruína das economias que importam petróleo", escreveu o célebre John Anderson, comentarista do *The New York Times*. "Você poderá responder que nos últimos oito anos a Opep multiplicou seus preços por seis e que essas economias continuam crescendo. Você também poderá observar que em 1973 os Estados Unidos importavam apenas 6,3 milhões de barris diários, e que agora importam 9 milhões, mesmo que o preço tenha passado de quatro dólares para 15 dólares. Como economista você concluirá que os americanos estão dispostos a aumentar seu consumo de energia sem se incomodar com as advertências de seu presidente nem com o preço."

reduzir o preço do barril (de US$ 34,00 para US$ 29,00). Em razão da queda nas vendas, a organização, que sofria a concorrência da política de diversificação de recursos energéticos praticada pelos países ocidentais e pela exploração de reservas fora de seu controle, baixou em 15% o preço de referência para o óleo. Finalmente, em 1986, sob pressão de partidários da limitação de produção, uma conferência extraordinária da Opep reuniu-se em Genebra e decidiu manter um teto de 17 milhões de barris diários. A nova economia política do petróleo diferia daquela da década de 1970 pela criação dos mercados *spot* e de futuros do petróleo, com crescente abertura dos mercados petrolíferos mundiais e sua internacionalização.

A dos aiatolás era uma política tipicamente nacionalista. Em uma análise da ideologia khomeinista, Fred Halliday desvendou o seu suposto caráter alheio às ideologias políticas preexistentes, ou "universais". A questão material e as preocupações "modernas" também estavam presentes na ideologia do regime xiita:

> Se examinamos a terminologia e as políticas enunciadas por Khomeini, tudo começa a ser mais familiar, em particular à luz dos movimentos populistas do Terceiro Mundo do tempo de pós-guerra. Os conceitos centrais da ideologia de Khomeini, *mustakbarin* e *mustaz'afin*, literalmente o arrogante e o fraco, correspondem à oposição povo/elite que nós achamos em outros populismos.

O discurso atacando a elite iraniana corrupta, influenciada pelos estrangeiros, decadente, parasita, era recorrente em Khomeini. Os slogans principais de Khomeini, a república islâmica, a revolução, a independência, a autossuficiência econômica, eram os objetivos mais habituais do nacionalismo terceiro-mundista. O termo usado por Khomeini para imperialismo, *istikbar-i jahani*, a arrogância do mundo, era imediatamente reconhecível no mundo inteiro e não era uma descrição ruim. A acusação aos oponentes como "liberais" foi, segundo Halliday, "tomada dos comunistas". Caberia supor que estes empréstimos eram subordinados a uma perspectiva teológica; porém, o que Khomeini disse e o que fez, uma vez que chegou ao poder, deixou patente a primazia da *realpolitik* na sua política interna e internacional.

Desse modo, embora Khomeini começasse por denunciar o patriotismo e a identidade iraniana, terminou por invocar o Irã e o conceito de pátria quando houve a invasão iraquiana em 1980. Em seus últimos meses de vida, enunciou um princípio novo de comportamento político, baseado na primazia do *maslahat*, ou interesse. De acordo com isso, o que devia preocupar eram os interesses do povo e do Estado, não as prescrições formais da religião. Em situações de conflito entre ambos, eram os interesses do Estado os que prevaleceriam: não era possível dar uma enunciação mais clara do princípio secular da razão de Estado.

O instrumento de organização e execução política de Khomeini foi o Partido da Revolução Islâmica (PRI), organizado só depois da queda do xá, como instrumento de disciplina das massas insurgidas. Em dezembro de 1979, houve o plebiscito para a nova Constituição, com o boicote ativo dos *mujahedeen* e dos *fedayyim* e da Frente Nacional (a ala liberal da revolução). A cisão entre a esquerda e a hierarquia xiita estava consumada, e a esquerda a pagaria, nos anos sucessivos, com seu próprio sangue. Houve quatro milhões de abstenções no plebiscito (com 99% de votos favoráveis, entre os votos emitidos). Foi concedido direito de representação parlamentar diferenciada aos cristãos, judeus e zoroastrianos (que, juntos, não atingiam 300 mil pessoas), mas não aos sunitas, apesar de serem mais de 10 milhões.

Os Estados Unidos montaram então uma vasta intervenção contra a revolução iraniana, com a ajuda do regime aliado do Iraque, de Saddam Hussein. A guerra Irã–Iraque se estendeu entre 1980 e 1990. Em 1975, o Iraque reconhecera que a fronteira com o Irã passava pelo canal de Shatt-Al-Arab, onde confluem os rios Tigre e Eufrates. Em 1980, Saddam Hussein revogou o acordo de 1975, que cedia ao Irã cerca de 518 quilômetros quadrados de uma área de fronteira ao norte do canal de Shatt-Al-Arab em troca de garantias, pelo Irã, de que cessaria a assistência militar à minoria curda no Iraque que lutava por independência.

Exigindo a revisão do acordo para demarcação da fronteira ao longo do Shatt-al-Arab (que controla o porto de Bassora), a reapropriação de três ilhas no estreito de Ormuz (tomadas pelo Irã em 1971) e a concessão de autonomia às minorias (sunitas) dentro do Irã, o Exército iraquiano, em 22 de setembro de 1980, invadiu a zona ocidental do Irã. A justificativa do Iraque apoiava-se na velha disputa fronteiriça, mas o verdadeiro objetivo era debilitar o regime iraniano e dessa forma não permitir o avanço da Revolução Islâmica.

Lembremos que Khomeini havia sido expulso do Iraque em 1978, a pedido do xá Reza Pahlevi, e que o presidente iraquiano, Saddam Hussein, depois da queda do xá, dera apoio aos movimentos contrarrevolucionários de Bakhtiar e do general Oveissi. O novo regime iraniano passou então a apoiar o movimento separatista dos curdos no norte do Iraque e convocou os xiitas iraquianos a rebelarem-se contra o governo sunita de Saddam. O Irã bloqueou o porto de Basra e ocupou a ilha de Majnun, no pântano de Hoelza, onde estão os principais poços petrolíferos do Iraque. Este bombardeou navios petroleiros no Golfo Pérsico, usou armas químicas proibidas e atacou alvos civis.

Saddam Hussein estava sendo patrocinado e financiado pelas potências ocidentais e também por alguns países árabes da região: encontrou apoio na Arábia Saudita e na Jordânia – países que temiam a exportação da revolução iraniana para todo o Golfo Pérsico –, além de receber auxílio dos Estados Unidos, da União Soviética, da Grã-Bretanha e da França. A Síria e a Líbia posicionaram-se a favor do Irã. Mais tarde, o Egito prestou substancial ajuda ao Iraque sob forma de armamentos. A intenção de Saddam Hussein era fazer uma guerra curta, extremamente móvel, com tanques e aviões, que lhe permitisse "estar em Teerã em três semanas", como ele assegurara aos norte-americanos. No caso da Europa, algumas empresas proveram Hussein de bactérias e armas químicas, que este não hesitou em utilizar, principalmente contra aldeias curdas (o chefe militar executor da tarefa foi batizado de "Ali Químico").

Por uma ironia sangrenta (que refletia o próprio caos da política imperialista), o Irã, defendendo-se com armas americanas, antigo legado do exército do xá, opunha-se às armas soviéticas de Saddam Hussein, que a partir do ataque de 1980 estava a serviço dos interesses estratégicos norte-americanos. Mas as armas russas dos iraquianos logo foram suplantadas pelo auxílio ocidental: os franceses venderam-lhe aviões *Mirage*; os alemães, gás para a guerra química; os americanos passaram-lhe helicópteros adaptados para lançar pesticidas, além de fornecerem-lhe fotos de satélites que mostravam a movimentação das tropas iranianas; os ingleses venderam-lhe pontes militares para que ele pudesse cruzar os rios com seus tanques; e os italianos abasteceram-no com corvetas, fragatas e também com helicópteros.

O Iraque também estava interessado na desestabilização do governo islâmico de Teerã pela anexação do Kuzestão, a província iraniana mais rica em petróleo. Ambos os lados foram vítimas de ataques aéreos a cidades e poços de petróleo. O Exército iraquiano engajou-se em uma escaramuça de fronteira em uma região disputada, porém não muito importante, efetuando posteriormente um assalto armado dentro da região produtora de petróleo iraniana. A ofensiva iraquiana encontrou forte resistência e o Irã recapturou o território. Em 1981, somente Khorramshahr caíra inteiramente em poder do Iraque. Havia pouco avanço nas frentes de luta. Em 1982, as forças iraquianas recuaram em todas as frentes. Khorramshahr foi evacuada. A resistência do Irã levou o Iraque a propor um cessar-fogo, recusado pelo Irã (os iranianos exigiram pesadas condições: entre elas, a queda de Hussein). E, em 1983, Ronald Reagan, presidente dos Estados Unidos, foi forçado a retirar suas tropas do Líbano, após sofrerem pesadas perdas impostas pelo Hezbollah, movimento de resistência libanês apoiado por Teerã.

No quadro da guerra, a repressão contra a esquerda, em especial contra os *mujahedeen*, foi sistemática. Ela atingiu seu ápice em 1983, justamente em plena guerra contra o Iraque, o que a tornava mais difícil de perceber, tanto no interior do país quanto no exterior. Segundo a fonte citada, 10 mil de seus militantes foram fuzilados de modo sumário nesse período. Muitos tiveram de buscar refúgio no Iraque e alguns dirigentes buscaram abrigo na Europa ou nos Estados Unidos. Seria esse o "Thermidor" da revolução iraniana? Não, isso seria ir longe demais, porque, ao mesmo tempo que a Revolução Islâmica desfraldava suas características reacionárias, a guerra iraniana contra o Iraque assumia as formas de uma verdadeira guerra popular, "jacobina", com ampla mobilização de toda a população, armamento geral, milícias de combate, engajamento militar de adolescentes e até de crianças. O culto aos mortos na guerra, que sobrevive, e ganha mais espaço, a cada dia, criou um veio de heroísmo civil que, até certo ponto, limitou o avanço do totalitarismo clerical sobre a sociedade. E a guerra deu papel político, também decisivo até hoje, aos Guardiões Revolucionários, o que contrabalança o poder da hierarquia religiosa xiita, no próprio Estado iraniano.

Graças ao contrabando de armas (escândalo Irã–Contras, que abalou o governo de Reagan, nos Estados Unidos), o Irã conseguiu recuperar poder de fogo e boa parte dos territórios ocupados pelas forças iraquianas O escândalo Irã–Contras, também conhecido por *Irangate*, foi uma operação clandestina e ilegal montada pelo governo dos Estados Unidos para ajudar a guerrilha antissandinista da Nicarágua. O governo iraniano adquiriu armas nos Estados Unidos e o dinheiro da compra dos armamentos foi depositado na Suíça em contas movimentadas pelos "contras" que lutavam para derrubar o governo sandinista de Daniel Ortega. A operação veio a público em novembro de 1986, quando a imprensa americana denunciou as negociações secretas entre pessoas ligadas ao governo norte-americano e o governo do Irã. Na época das negociações, o Irã atacou o Kuwait e outros estados do Golfo Pérsico. A ONU e alguns estados Europeus enviaram vários navios de guerra para a zona. Em 1985, aviões iraquianos destruíram uma usina nuclear parcialmente construída em Bushehr e depois bombardearam alvos civis, o que levou os iranianos a bombardear Bassora e Bagdá.

Ironicamente, Israel também entregou armas e suprimentos aos aiatolás, porque estes se encontravam em guerra contra o Iraque de Saddam Hussein, um Estado "árabe". No país da Estrela de Davi, a guerra Irã–Iraque gerou um debate público acerca da política a ser seguida pelo Estado sionista: apoiar o declaradamente antissionista regime iraniano, porque combatia o "campeão do pan-arabismo", ou apoiar o Iraque, porque combatia um regime que declarava abertamente a necessidade de varrer Israel do mapa, um debate certamente não conclusivo.

Não se pode considerar a guerra Irã–Iraque, com seus milhões de mortos, um fato atribuído à agressividade de Khomeini e os xiitas, e sim ao sistemático armamento e apoio político-diplomático brindados pelo Ocidente (Europa e Estados Unidos) e até pela União Soviética ao regime de Bagdá, encabeçado por Saddam Hussein, com o fito de conter a revolução iraniana.

O Iraque foi acusado de usar armas químicas contra as tropas iranianas. A guerra entrou em nova fase em 1987, quando os iranianos aumentaram as hostilidades contra a navegação comercial dentro e nas proximidades do Golfo Pérsico, resultando no envio para a região de navios de guerra norte-americanos e de outras nações. O Iraque continuava a ser abastecido pelo Ocidente. O ataque de Saddam fez que os conflitos internos iranianos cessassem. Todas as facções e tendências que antes se digladiavam em Teerã uniram-se contra o invasor. A guerra que nascera móvel em 1980, acabou se tornando uma clássica guerra de trincheiras nos anos seguintes, levando os dois países à exaustão total dos recursos.

Em inícios de 1988, o Conselho de Segurança da ONU exigiu um cessar-fogo. O Iraque aceitou, mas o Irã não. Em agosto de 1988, negociações levadas a cabo pelo secretário-geral da ONU, Perez de Cuéllar, e a crise na economia do Irã levaram a que o país aceitasse a ONU como mediadora do cessar-fogo. O armistício veio em julho e entrou em vigor em 15 de agosto de 1988. A guerra durara de 1980 a 1988, e produzira no lado iraniano a morte de 300 mil pessoas, deixando um saldo de centenas de milhares de pessoas com sequelas de guerra. Calcula-se que, ao todo, a guerra produziu um milhão de mortos, sendo o mais sangrento e longo conflito bélico do pós-guerra no mundo.

Em 3 de junho de 1989, Khomeini morreu, no hospital, onze dias depois de uma cirurgia realizada para tentar estancar uma hemorragia interna. Uma multidão de mais de um milhão de iranianos reuniu-se à volta do local de enterro, que, supostamente, não era conhecido. Com a morte de Khomeini, foi designado líder supremo religioso o aiatolá Ali Khamenei.

Em 1990, o Iraque aceitou o acordo de Argel de 1975, que estabelecia a fronteira com o Irã. As perdas da guerra foram estimadas em cerca de 1,5 milhão de vidas, contando as vítimas civis. A guerra destruiu os dois países e diminuiu a onda de expansão revolucionária do Irã, que era o que interessava tanto aos Estados Unidos quanto à burocracia da União Soviética. Mas, militarmente, o Irã demonstrou que sua máquina de guerra era forte o bastante para conter o avanço do mais militarizado dos países árabes, o Iraque.

7. O Irã no centro do "Eixo do Mal"

Logo a seguir, em 1991, explodiu a primeira Guerra do Golfo, entre o Iraque e a coalizão encabeçada pelos Estados Unidos. O governo do Iraque contraíra imensa dívida durante a guerra com o Irã e fracassara em seus objetivos de transformar o país em superpotência regional. Saddam acreditou encontrar a solução para os dois problemas na incorporação do protetorado petrolífero do Kuwait, reivindicado desde sempre como parte dos territórios iraquianos. Saddam interpretou de forma positiva a resposta intencionalmente ambígua da consulta que fez à embaixadora norte-americana sobre sua decisão de incorporar o Kuwait. O governo desse último negou-se a qualquer concessão ou negociação com o governo do Iraque. Em 2 de agosto de 1990, as tropas iraquianas cruzavam as fronteiras do Kuwait, ensejando que os Estados Unidos organizassem sob o aval da ONU a intervenção militar.

Pretextando uma possível agressão iraquiana, o reino saudita pediu proteção militar aos Estados Unidos, cujo governo rapidamente deslocou tropas para o país. O movimento radical islâmico saudita assistiu assim à chegada de soldados norte-americanos à "terra sagrada" do Islã. Para evitar a presença militar norte-americana, Bin Laden ainda ofereceu os serviços da Al-Qaeda para combater as tropas iraquianas. O governo saudita recusou a oferta. Como resposta, os radicais islâmicos declararam inválida a custódia pela monarquia saudita dos lugares sagrados do Islã, a Meca e Medina. Bin Laden comparou o estabelecimento de bases militares americanas na Arábia Saudita com a invasão soviética do

Afeganistão.[1] Convencidos de que tinham desempenhado papel central na derrota do "império soviético", Bin Laden e seus partidários acreditaram que também seriam capazes de vencer o império americano. A declaração de guerra aos Estados Unidos intitulou-se *Declaração da jihad contra a ocupação americana dos lugares sagrados*. Simultaneamente, Bin Laden pregava a revolução contra a monarquia saudita.

Em setembro de 1990, enquanto o Iraque se preocupava com a invasão do Kuwait, Irã e Iraque restabeleceram relações diplomáticas, embora o Irã se mantivesse neutro na Guerra do Golfo. Em 17 de janeiro de 1991, os norte-americanos lançaram a ofensiva denominada "Tempestade no Deserto". O Pentágono realizou uma exibição do poderio armamentista dos Estados Unidos televisionada diretamente do local. O Iraque retirou-se rapidamente do Kuwait, não sem antes incendiar centenas de poços de petróleo. Em represália, um mortífero bloqueio comercial foi estabelecido contra o Iraque, com aval da ONU. Mas Saddam Hussein, qualificado de responsável pela guerra pelo presidente norte-americano, George Bush (pai), permaneceu no posto.

As coisas mudavam no Irã. O novo presidente iraniano, Rafsanjani, eleito em 1993, procurou uma reaproximação com os Estados Unidos (e com a Europa). Seu sucessor, Khatami (1997), também considerado moderado deflagrou ao mesmo tempo uma violenta repressão contra o movimento estudantil e os intelectuais, em 1998 e 1999. Os universitários desfilaram pelas ruas da capital gritando slogans contra o governo e pedindo mais liberdade. As manifestações, que podiam ser o estopim

---

[1] A continuidade da crise, que culminaria no ataque às Torres Gêmeas, em 11 de setembro de 2001, é história conhecida. Curiosamente, para defender o uso do território do Afeganistão com o objetivo de desestabilizar as colônias britânicas na Índia, Trotsky afirmou na década de 1920 que "a estrada da revolução para Paris e Londres passa pelas cidades do Afeganistão". Oitenta anos mais tarde, "a estrada para Nova York e Washington" voltou a passar pelo Afeganistão, só que por via aérea...

de uma nova etapa da revolução, foram logo congeladas pelas manifestações contrárias, organizadas pelo próprio governo e por uma repressão severa que fez milhares de presos. A progressiva "normalização" iraniana também se veria sacudida pela crise da política dos Estados Unidos na região, o que provocaria novo surto de radicalismo, dentro do mesmo regime.

A luta interna do regime iraniano atingiu uma etapa crítica, expressa nas eleições de 1997. Os conflitos entre tendências diversas criaram crises políticas periódicas, entre religiosos conservadores e reformistas, inicialmente evidenciadas pela oposição entre o líder religioso, aiatolá Khamenei, e o presidente reformista Khatami, eleito com grande maioria. Khatami mostrava-se um candidato empenhado em dar um "rosto humano" à Revolução Islâmica e derrotou, com 70% dos votos, o candidato situacionista Ali Nateq-Nouri. A divisão também marcou a eleição de 18 de fevereiro de 1999. Em 1º de março desse ano, Saeed Hajjaarian, um dos arquitetos do movimento reformista, foi assassinado.

Em 1999, duas décadas depois da revolução que derrubara a monarquia e abrira as portas para a criação da República Islâmica do Irã, os jovens iranianos voltaram às ruas – desta vez protestando contra a ditadura dos aiatolás. O regime foi pego de surpresa, e as tropas de choque reforçadas pelas milícias religiosas só conseguiram controlar a situação depois de seis dias de crise. O movimento revelou com clareza o descontentamento de parte da população, sobretudo os mais jovens, com o regime teocrático islâmico. Khatami venceu as eleições de 2001 com 77% dos votos, passando a travar uma disputa com os religiosos conservadores. Para cada medida liberalizante aprovada por Khatami, os religiosos respondiam com maior repressão.

Mas, fora do Irã, o islamismo político se fortalecia. Os velhos governos nacionalistas dos países árabes, como o do Egito, compactuaram com Israel. Essa posição das correntes árabes nacionalistas, laicas e de esquerda, abriu espaço para que as organizações islâmicas, que mantiveram a exigência da destruição de Israel, como o Hamas e o Hezbollah, ganhassem influência entre as massas.[2] Isso foi provocado pela renúncia a uma luta democrática consequente por parte das correntes progressistas e de esquerda. O Hezbollah, com cerca de 6 mil combatentes, enfrentou várias vezes o poderoso Exército sionista. Recebendo apoio sírio e iraniano, não era visto no Líbano como uma entidade terrorista, mas como um grupo de resistência contra a invasão israelense ao país, em 1982, que só terminou dezoito anos mais tarde, em 2000. O grupo foi o único a não se desarmar após a guerra civil do Líbano (1975-1991).

O fortalecimento do papel regional do Irã e a sua política de choque com os Estados Unidos em toda a região, apresentados como o "problema estratégico" do governo norte-americano e Israel no Oriente Médio, foram consequência do crescente intervencionismo dos Estados Unidos, depois de um período de normalização das relações com o regime dos aiatolás. A inclusão do Irã no Eixo do Mal reduziu ao mínimo o espaço de negociação com o governo de Washington. E as tentativas externas, promovidas por aquele, de encorajar as etnias – azeri, baluche, árabe e curda – à rebelião contra o governo central do Irã, especialmente durante o período de hegemonia

---

[2] Robert Fisk sublinhou a responsabilidade israelense no surgimento do chamado fundamentalismo islâmico: "Hamas, o principal alvo da 'guerra ao terror' de Sharon, foi originalmente patrocinado por Israel. Nos anos 1980, quando Arafat era o 'superterrorista', e o Hamas era uma pequena e agradável instituição muçulmana de caridade, embora venenosa em sua oposição a Israel, o governo israelense encorajou seus membros a construir mesquitas em Gaza. Algum gênio no Exército israelense decidiu que não havia melhor meio de minar as ambições nacionalistas da OLP nos territórios ocupados do que promover o Islã. Mesmo depois do acordo de Oslo, durante uma desavença com Arafat, altos oficiais do Exército israelense anunciaram publicamente que estavam conversando com funcionários do Hamas. E quando Israel ilegalmente deportou centenas de homens do Hamas para o Líbano em 1992, foi um de seus líderes, escutando que eu viajava para Israel, que ofereceu-me o telefone da casa de Shimon Peres de sua agenda", declarações feitas ao jornal *The Independent*, de 5 de dezembro de 2001.

dos reformadores no poder iraniano, acabaram por endurecer o governo iraniano contra os Estados Unidos.

Durante o governo dos reformadores, o Irã fizera claramente uma abertura política em direção dos Estados Unidos. A política da Al-Qaeda, pelo contrário, deu continuidade à *jihad*, o que levou água ao moinho da tese estapafúrdia do "choque das civilizações".[3] Depois do ataque às Torres Gêmeas, em entrevista de Bin Laden dada a um jornalista paquistanês, ele atribuiu à toda a população dos Estados Unidos os crimes de sua classe dominante, para justificar os atentados terroristas:

> Bin Laden negou, e não negou, envolvimento nos ataques de 11 de setembro, dizendo que todos os americanos são

---

[3] O "choque de civilizações" foi uma expressão surgida pela primeira vez em 1990 em artigo do especialista em Oriente Médio, Bernard Lewis, intitulado "As raízes de raiva muçulmana". Lewis especializou-se como jurista e perito em islamismo. Durante a Segunda Guerra Mundial, trabalhou nas agências de inteligência militar, e no gabinete para assuntos árabes do Ministério Britânico de Relações Exteriores. Nos anos 1960, tornou-se um perito consultado pelo Real Instituto dos Negócios Internacionais, onde foi considerado um excelente especialista em intervenção humanitária britânica no Império Otomano, e um dos últimos defensores do império britânico. Participou do Congresso para Liberdade Cultural, patrocinado pela CIA. Em 1974, mudou-se para os Estados Unidos. Tornou-se professor em Princeton e adotou a cidadania americana. Nessa altura, era conselheiro de Zbigniew Brzezinski que, por sua vez, era conselheiro de Segurança Nacional do presidente James (Jimmy) Carter. Em conjunto, conceberam a base teórica do "arco de instabilidade" euroasiático e planejaram a desestabilização do governo pró-soviético do Afeganistão. Em 1993, Lewis, em entrevista para o jornal francês *Le Monde*, conseguiu negar o genocídio cometido contra os armênios. O conceito de "choque de civilizações" foi evoluindo para a descrição de uma confrontação mundial cujo resultado seria incerto. Este novo significado deveu-se a Samuel Huntington, que era considerado um estrategista da política externa dos Estados Unidos. Huntington desenvolveu a teoria em dois artigos – "O choque de civilizações?" e "O Ocidente único, mas não universal" –, publicados originalmente na revista *Foreign Affairs*, e em livro intitulado *O choque das civilizações e o refazer-se da ordem mundial*.

responsáveis pelo "massacre" de muçulmanos na "Palestina, Chechênia, Caxemira e Iraque" e que os muçulmanos têm o "direito de atacar em represália". "O povo americano deve lembrar que eles pagam impostos a seu governo, eles elegem seu presidente, suas manufaturas de armas governamentais e as dão a Israel e Israel as usa para massacrar os palestinos. O Congresso americano endossa todas as medidas do governo e isso prova que toda a América é responsável." (*The Observer*, 11 de novembro de 2001)

O governo de Bush Jr., por sua vez, também enfiou "todos no mesmo saco" com a construção imaginária do chamado Eixo do Mal. Mas, ao eliminar os inimigos tradicionais do Irã (Saddam Hussein no Iraque, os talebãs no Afeganistão), Washington aumentou o peso político e militar do Irã na região. Piada que circulava em Teerã dizia: se o Exército norte-americano trouxe as repúblicas islâmicas ao Afeganistão e ao Iraque, por que eles se incomodariam em invadir o Irã?

Em junho de 2005, as eleições iranianas foram vistas como a volta da linha dura islâmica no Irã. O qualificado como ultraconservador Mahmoud Ahmadinejad ganhou a eleição presidencial com 61% dos votos, largamente na frente do reformador Akbar Hashemi Rafsanjani com 35%. Votaram, no segundo turno, 22 milhões de eleitores, cerca de 47% dos eleitores, contra 63% no primeiro, quando foi eliminado o também reformador Mehdi Karroubi. Os habitantes das províncias pobres do Irã compareceram maciçamente às urnas para votar no ex-militar Ahmadinejad, apoiado pela setor mais anti-Estados Unidos da hierarquia religiosa, que prometeu resistir à decadência do Ocidente, combater a corrupção e melhorar as condições de vida de milhões de iranianos.

Os partidários de Rafsanjani e os candidatos reformistas afirmaram que as eleições foram manipuladas, acusando os Guardas Revolucionários e a força de segurança *Basij* de orquestrarem um conluio, de forma que desse a vitória a Ahmadinejad, que, ao votar afirmou: "Hoje é o início de uma nova era política para a nação iraniana". O centro do poder político situou-se claramente no Conselho dos Guardiões, composto por doze membros designados por seis anos (seis religiosos nomeados pelo aiatolá Ali Khamenei, o "guia da revolução", e seis juristas eleitos pelo Parlamento sob proposta do poder judiciário), que tem como principal função estabelecer a compatibilidade dos atos de governo com as leis da Constituição e com o Islã. O Conselho dos Guardiões deve aprovar as leis votadas pela Assembleia Nacional, pronunciar-se sobre as candidaturas às eleições presidenciais, legislativas, e à assembleia dos peritos (que elege o guia da revolução). Diversos candidatos foram rejeitados por não conformidade com as leis do Islã.[4]

Está claro que a revolução estancou e regrediu, depois de esboços de guerra civil entre diferentes facções do clero muçulmano. Isso, por sua vez, levou à privatização de antigos setores nacionalizados. Os jovens em particular estão em aberta revolta com as sufocantes condições impostas a eles pelos *mulás* e sua polícia religiosa. O fechamento de jornais como o *Sharq*, um dos baluartes dos reformadores (tidos, em geral, como pró-ocidentais), em 2006, e o "chamado à ordem" aos intelectuais, com a prisão do jornalista Ramin Jahanbeglou (ele foi finalmente libertado sob caução), fortaleceram o governo do clero.

O aumento do preço do petróleo nos últimos anos permitiu o aparecimento de uma nova classe média refratária a qualquer aventura política, por medo de perder seus privilégios econômicos no caso de uma crise maior. O governo de Ahmadinejad está baseado em uma aliança entre vários grupos políticos e militares: uma facção ditatorial do clero, uma facção do Exército dos *pasdaran* (Guardiões), em razão de sua aspiração de fazer do Irã uma potência hegemônica regional

---

[4] Além do Conselho dos Guardiões, há a Assembleia de Peritos, originalmente constituída com o objetivo de redigir a Constituição de 1979. Composta por 86 membros, tem a função de eleger o líder supremo, supervisionar sua atuação e retirá-lo do exercício das suas funções caso este seja declarado incapacitado. Os 86 membros devem ser clérigos e são eleitos para um período de oito anos.

(seus dirigentes foram recompensados com cargos econômicos e políticos importantes) e a nova classe média, com aspirações burguesas.

O envolvimento dos *pasdaran* nos negócios cresceu. O Parlamento comporta oitenta Guardiões da Revolução (em um total de 290 deputados). Eles se tornaram também uma força econômica, possuindo empresas em numerosos setores, beneficiando-se de inúmeros contratos governamentais (por exemplo, em junho de 2006, um contrato de vários bilhões de dólares referentes à construção de um gasoduto entre o Golfo Pérsico e o sul do país). Uma "joia" obtida pelos *pasdarans* foi a mais importante sociedade petrolífera privada iraniana, Oriental Kishv, comprada por 90 milhões de dólares.

Há, na juventude, um repúdio ao conservadorismo do governo de Ahmadinejad em questões religiosas e morais,[5] e suas promessas não cumpridas de melhorar a situação dos pobres e, sem dúvida, uma parte dos mais pobres não acredita mais em suas promessas de melhorar as condições de vida. Mas o caráter autoritário do poder tem impedido o surgimento de uma organização política independente. Os Estados Unidos têm combinado a ameaça histérica diante do programa nuclear iraniano com a cooperação com o Irã pelas formações políticas xiitas do Iraque, como o chamado Conselho Supremo da Revo-

---

[5] No Irã, por exemplo, o homossexualismo é considerado um crime que acarreta a pena de morte. Segundo uma jornalista brasileira em visita ao Irã: "Ocorrem manifestações políticas e reivindicações no Irã... um ensaio disso, até com a internet, que por mais que seja controlada, *e ela é*, os jovens tentam burlar e conseguem acessar *sites* não permitidos. As antenas parabólicas captam imagens de TV de fora, contra a tecnologia eles não têm muito o que fazer. E isso acaba influenciando o modo de pensar do iraniano. Acho que se comparado com os primeiros anos da revolução, ele é muito mais aberto às questões do Ocidente. Agora, quando se toca na natureza do nacionalismo iraniano, que é o que está acontecendo agora, em relação a isso eles tomam uma posição a favor do Irã. Todo o apelo dos discursos do presidente é nesse sentido, de um nacionalismo de defesa de um país. E aí, os jovens, por mais adeptos que sejam ao Ocidente, eles preferem ficar com seu país".

lução Islâmica no Iraque, que se encontra sob controle do regime iraniano. Com a eliminação do regime *baathista* no Iraque, e o dos talebãs no Afeganistão, o regime dos *mulás* em Teerã foi libertado de seus rivais locais e emergiu como um poder regional hegemônico, eclipsando a Arábia Saudita e impondo medo aos governos menores da região.

A violência verbal iraniana contra Israel – incluída a questão nuclear, ou a negação do Holocausto judeu na Segunda Guerra Mundial (que levou, em 2006, meia dúzia de palhaços fascistas norte-americanos e europeus, acompanhados de um par de rabinos ultraortodoxos, a pavonear sua ignorância reacionária em Teerã) – pode ter também origem bem mais prosaica do que se imagina: ela estaria em um contencioso financeiro, bilionário, de não pagamento de antigas dívidas de Israel com o Irã, contraídas no tempo do xá Reza Pahlevi, e originadas em certa Trans-Asiatic-Oil, *joint-venture* israelo-iraniana criada no tempo da colaboração petroleira secreta entre os dois países. A estratégia israelense contra o Irã consiste em instrumentar a pseudoameaça nuclear para derrubar o governo que apoia os movimentos de resistência da Palestina e do Líbano.

Desde que Ahmadinejad assumiu a presidência do Irã e iniciou o discurso de confrontação com Israel e com o poderio estadunidense no Oriente Médio, Washington tem revisto sua política de "disseminar a democracia" pela região. Ou, como afirmou Daniel Pipes, conselheiro do governo Bush e um dos arquitetos da guerra contra o Iraque, "a América tem que desacelerar o processo democrático para evitar que governos islâmicos assumam o poder nos Estados árabes" (*Al-ahram Weekly*, edição de 24-30 de novembro de 2005). Dessa forma, algumas medidas que já estavam sendo arquitetadas pelos regimes árabes, rumo a maior abertura política, foram sendo abandonadas, como fruto da pressão americana.

Em termos militares, o Irã também se apresenta, cada vez mais, como um país relevante nos cálculos políticos árabes. A disposição do governo de Ahmadinejad de impedir inspeções internacionais de seu programa nuclear (que, segundo o Irã, visa apenas a fins pacíficos, como a produção de energia) poderia dar ao país tempo suficiente para desenvolver de fato um artefato nuclear, o que alteraria drasticamente a correlação de forças a favor do Irã diante do mundo árabe. Defendendo os interesses da burguesia nacional iraniana, mas usando uma retórica extremista, o presidente colaborou com os governos do Iraque e do Afeganistão, e usou a influência iraniana para moderar a oposição iraquiana contra a ocupação, prometendo à maioria xiita no Iraque o controle do país e de seus recursos petroleiros no Sul. Mas os xiitas do Iraque lutaram contra os do Irã durante a guerra entre os dois países. Sua lealdade religiosa não prevaleceu nesse episódio, porque o regime *baathista* de Saddam Hussein, pela nacionalização e centralização dos recursos petrolíferos, estabelecera uma redistribuição da renda petroleira em benefício dos xiitas do Sul.

Esse mecanismo foi destruído pela guerra de 2003, pela ocupação norte-americana e pela privatização e saque dos recursos nacionais por parte das companhias multinacionais. Segundo as interpretações dominantes, duas comunidades estariam em confronto pelo poder no Iraque: de um lado, uma comunidade sunita, supostamente fiel ao antigo regime e que teria perdido o monopólio secular sobre as instituições centrais; do outro, uma comunidade xiita, tradicionalmente marginalizada no plano político, para quem a invasão norte-americana teria constituído uma ocasião histórica de se fazer ouvir como maioria demográfica. A interpretação simplifica demasiadamente uma situação bem mais complexa.

A força da rivalidade étnico-sectária não é a fé, ou a questão acerca de quem seria o real sucessor do profeta Maomé, mas o antagonismo entre elites que pretendem se apropriar da renda petroleira, contra os interesses, em primeiro lugar, das maiorias de suas próprias comunidades. Por essa razão, as forças centrífugas crescem dentro da comunidade xiita, incluindo o Exército de Mahdi Multad Al Sadr. Para unir todas as comunidades do Iraque contra as forças de ocupação, seria necessário um programa de nacionalização do petróleo e de todos os recursos nacionais, sob controle dos trabalhadores, planejando a produção e distribuição da renda de acordo com as necessidades sociais, além de qualquer divisão étnica ou religiosa.

Por outro lado, o presidente Ahmadinejad, com o país ameaçado pela Casa Branca e a União Europeia por tentar desenvolver seu programa nuclear, responsabilizou os Estados Unidos e Israel pela explosão da Mesquita de Askariya, no Iraque: "Essas atividades furtivas são atos de um grupo derrotado de sionistas e ocupantes que querem atiçar nossas emoções. Os Estados Unidos devem saber que tal ato não irá salvá-los do ódio das nações muçulmanas". Um comunicado do Hezbollah culpou o governo Bush: "Não podemos imaginar que iraquianos sunitas fizeram isso. Ninguém se beneficia desses atos senão os invasores americanos e os inimigos sionistas". A crise dos Estados Unidos no Iraque é tamanha que o governo norte-americano convidou o "demoníaco" governo iraniano a se encontrar para discutir como "parar a violência no Iraque"; os iranianos aceitaram o convite e já aconteceram vários encontros.

Uma invasão que teve o objetivo de impor mudanças de regime no Iraque e em todo o Oriente Médio, e em particular no Irã, concluindo pelo regime iraniano como o árbitro da segurança regional, revela o fracasso estratégico dos Estados Unidos, cujas dificuldades com a ocupação os forçaram a pôr em segundo plano, momentaneamente, pelo menos, a disputa com o Irã pela questão nuclear, o que confirma que a preocupação principal de Bush não é a bomba iraniana, mas forçar os iranianos a colaborar no Iraque, na Palestina e em todo o Oriente Médio.

A condenação e morte de Saddam não fortaleceram a ocupação ianque. Segundo David Lyon, "se vai alterar alguma coisa, sua morte só aumentará a determinação dos insurgentes sunitas que recrutam novos soldados para a causa. Eles se perguntam: o que temos a perder?". Uma multidão de sunitas em luto marchou na cidade de Samarra até uma mesquita xiita semidestruída e entrou, levando um caixão falso e fotos de Saddam. O protesto foi realizado na Mesquita Dourada, que foi destruída por bombas. Quanto aos xiitas iraquianos, afirma-se que agem a serviço do Irã: mas está claro que não formam um bloco único e só acentuaram sua identidade religiosa com a destruição de seu país, o Iraque. A hierarquia xiita, de fato, colabora com os ocupantes do Iraque. Mas não importa muito que os partidos xiitas iraquianos apoiados pelo Irã sejam todos membros do governo de ocupação instalado pelos Estados Unidos, que acusam assim mesmo o Irã de armar os terroristas no Iraque, embora não haja nenhuma evidência ou sequer alguma lógica na afirmação.

O Irã estendeu sua influência no Iraque por uma multiplicidade de canais: favoreceu a participação de seus aliados no processo político, esforçando-se também em estabelecer laços com o conjunto dos setores políticos, inclusive Moqtada al-Sadr; protege pequenos grupos a seu soldo sem se expor. Não apoia os ataques contra os invasores, abstendo-se de fornecer aos insurgentes armamentos antitanque como os oferecidos ao Hezbollah libanês. A instituição Khamenei multiplica as bolsas de estudo e a oferta gratuita de livros.

A solidariedade intraxiitas, por outro lado, não ultrapassou a linha de divisão fundamental que separa os árabes dos persas. Os xiitas iraquianos combateram os iranianos durante os oito anos da guerra Irã–Iraque. Tudo isso demonstra que não há futuro para a luta dos povos da região, se essa luta é encarada em termos religiosos ou de "identidade étnica", pois as divisões nesses planos poriam um obstáculo intransponível para uma luta comum.

Isso está provado também pela situação interna no Irã. Em artigo na revista *New Yorker* sobre os preparativos dos Estados Unidos para invadir o Irã (publicado em 17 de abril de 2006), o jornalista Seymour Hersh escreveu:

> Foi-me dito por um conselheiro governamental, com fortes ligações no Pentágono, que as unidades também estavam a trabalhar com grupos das minorias do Irã, incluindo os azeris, no Norte, os baluchis, no Sudeste, e os curdos, no Nordeste.

O caráter inflamável das nacionalidades minoritárias do Irã foi de novo visto em maio desse ano nos protestos em massa que explodiram na província do Azerbaijão em resposta às caricaturas de um jornal de Teerã que descrevia os azeris como baratas estúpidas. Também houve incidentes no Baluchistão. E já há algumas forças curdas iranianas a seguir o caminho tomado por Jalal Talabani e Massoud Barzani, os líderes curdos iraquianos que se tornaram nos mais fiéis aliados dos Estados Unidos no Iraque.

O Irã apareceu crescentemente como o grande obstáculo a um dos objetivos estratégicos centrais dos Estados Unidos: assegurar o controle do Oriente Médio e suas riquezas naturais, promovendo a chamada remodelagem da região. Por sua população numerosa (70 milhões), sua localização estratégica e seu poder econômico, o Irã é uma potência regional média. Isso o transformaria em possível parceiro do que o próprio Pentágono qualifica como futuros "concorrentes de mesmo nível" – ou seja, adversários (China, União Europeia, Rússia e Índia). Todos os nomeados, exceto o Irã, são potências nucleares. O Tratado de Não Proliferação, assinado em 1968, por iniciativa dos cinco países que então possuíam armas atômicas, estabelece um oligopólio de potências nucleares. Autoriza os detentores de artefatos atômicos a mantê-los; e procura impedir todos os outros países de desenvolvê-los.

Houve negociações entre o Irã e a Agência Internacional de Energia Atômica (Aiea) antes do início da crise nuclear. A cada concessão do Irã, a Aiea apresentava novas exigências. O país foi intimado a demonstrar que não desenvolvia tecnologia que poderia ser usada, no futuro, para produzir armas atômicas. A agência, contudo, adotou atitude inteiramente diversa em relação ao Egito e à Coreia do Sul – dois aliados dos Estados Unidos. As experiências nucleares secretas desses países, muito semelhantes às desenvolvidas pelo Irã, foram descobertas pela agência, que, no entanto, se contentou com uma "pequena repreensão".

8. A PROVOCAÇÃO NUCLEAR

Depois de derrubado Saddam Hussein e derrotado o Iraque, os Estados Unidos buscaram um novo "demônio internacional" (estatal, pois a perseguição de um grupo terrorista não permitiria mobilizar vastos recursos bélicos). O Irã seria um *rogue state*, país que patrocina o terrorismo, desenvolve armas atômicas e bacteriológicas e ameaça, enfim, a ordem internacional. No entanto, não se enquadra em nenhuma dessas acusações. Nem sequer está provado que seu programa atômico tenha objetivos militares. Já os Estados Unidos, além de continuarem desenvolvendo seus recursos nucleares para a guerra, apoiam terroristas sunitas no Líbano – o *Fatah al-Islam* e no Irã – o *Jundullah*.

Os Estados Unidos usaram armas químicas na invasão do Iraque e no cerco da cidade de Fallujah, e aumentaram o seu orçamento nuclear: ele é quase 50% maior do que o gasto na década de 1980, revitalizando o complexo bélico nuclear.

O governo de Washington apontou para o *Complexo 2030*, projeto capaz de contrapor-se a possíveis ameaças ao longo do século XXI, gerido pela Administração de Segurança Nuclear Nacional, órgão vinculado ao Departamento de Energia. Avalia-se que seus custos estarão por volta de 150 bilhões de dólares, relativos à manutenção de oito complexos militares. É necessário buscar inimigos, reais ou imaginários.

Desde março de 2006, o Irã é apresentado como o maior perigo perante os estrategistas estadunidenses. Em janeiro desse ano, Bush havia classificado o país de "grave ameaça à segurança do mundo". Menos de três anos se passaram desde que os conglomerados de comunicação mundiais endossassem as mentiras, hoje comprovadas como tal, sobre armas de destruição em massa, difundidas pela Casa Branca a respeito do Iraque. A grande mídia se converteu em instrumento de anestesia social e ameaça à paz. Uma ação unilateral contra o Irã poderia transformar os Estados Unidos, no entanto, aos olhos da opinião pública mundial, no maior inimigo da comunidade muçulmana, ao atacar simultaneamente três países da religião.

Já em 2004, evidenciou-se a preparação de uma guerra contra o Irã, com possível utilização de ogivas nucleares, preparada conjuntamente entre Washington, Tel-Aviv, Ancara e o quartel general da Nato em Bruxelas. Forças da coligação Estados Unidos–Israel–Turquia, em um estado de preparação avançada, realizaram desde o começo de 2005 diversos exercícios militares, enquanto as forças armadas do Irã, na previsão de um ataque, realizaram importantes manobras no Golfo Pérsico.

Era como se a chamada comunidade internacional aceitasse a eventualidade de um holocausto nuclear "localizado". O Exército israelense começaria os ataques. Fontes militares norte-americanas confirmaram que o ataque ao Irã seria muito mais importante que o ataque israelita de 1981 ao centro nuclear de Osirak,[1] no Iraque. Haveria importante desdobramento de forças, de nível semelhante à operação "Choque e Pavor" contra o Iraque, em março de 2003. Utilizando todos os recursos militares norte-americanos na região, poderiam destruir-se as vinte instalações nucleares suspeitas do Irã.

A revelação de que o Exército dos Estados Unidos estaria discutindo o uso de armas nucleares táticas contra alguns alvos no Irã alarmou e chocou o mundo quando um artigo de Seymour Hersh revelou que "aviões de combate norte-americanos com capacidade de carga fizeram simulações de voos com bombas nucleares, dentro do alcance dos radares costeiros iranianos". Por decisão do Senado norte-americano em 2003, a nova geração de armas nucleares táticas (*Low-Yield Mini-Nukes*,

---

[1] Em junho de 1981, a aviação israelense destruiu o reator nuclear de Osirak, alegando que ele seria usado para a fabricação de armas atômicas.

Minibombas Nucleares de Fraca Potência) é considerada "sem perigo para as populações civis", porque explodem sob o solo. Argumenta-se que as *mini-nukes*, menos destruidoras, seriam um meio de dissuasão mais eficaz: a arma nuclear deixa de pertencer a uma categoria à parte, de último recurso, e passa a ser uma entre outras. As *mini-nukes* seriam também adequadas para evitar os danos colaterais.

Um ataque preventivo com armas nucleares táticas seria coordenado pelo US Strategic Command em colaboração com unidades da coligação no Golfo Pérsico. O US Strategic Command tem como mandato supervisionar um plano de ataque global que prevê a utilização de armas clássicas e armas nucleares, de acordo com a *Nuclear Posture Review*, adotada pelo Congresso americano em 2002.

A Europa tentou uma política diferenciada, embora situando-se claramente contra o Irã:

> Há dois anos e meio, o Irã foi obrigado a reconhecer perante a Agência Internacional de Energia Atômica que estava construindo instalações secretas de enriquecimento de urânio e produção de plutônio, podendo ser utilizadas para produzir matérias destinadas a armas nucleares. Por outro lado, esse país empenhava-se, e continua empenhando-se, em desenvolver mísseis balísticos capazes de servir de vetores a ogivas desse tipo. O Irã parecia estar desafiando o regime de não proliferação. Pesquisas posteriores mostraram que, repetindo os termos da Aiea, a política de dissimulação do Irã provocou um grande número de violações de suas obrigações. Essas violações fazem temer seriamente que o programa nuclear iraniano possa não ter, como afirma o país, objetivos unicamente pacíficos. Em virtude das regras da Aiea, o caso do Irã deveria ter sido submetido ao Conselho de Segurança das Nações Unidas há dois anos. Nós quisemos, em vez disso, encontrar uma saída que desse ao Irã a possibilidade de dissipar essas preocupações e provar que os objetivos de seu programa nuclear eram plenamente pacíficos.[2]

---

[2] "Irã: restabelecer a confiança", artigo do ministro francês das Relações Exteriores, Philippe Douste-Blazy, do ministro alemão das Relações Exteriores, Joschka Fischer, do alto representante da União Europeia para a política

George Bush recusou-se a prometer que seu país não promoveria um ataque nuclear contra o Irã. Segundo o jornal britânico *The Guardian* (de 4 de maio de 2006), "quando lhe perguntaram o mês passado se as opções dos Estados Unidos em relação ao Irã 'incluíam a possibilidade de um ataque nuclear' se Teerã se recusar a parar o enriquecimento de urânio, Bush respondeu: 'Todas as opções estão na mesa'".

Em janeiro de 2007, Benjamin Netanyahu, líder da direita israelense, declarou:

> Nós estamos em 1938, e o Irã é a Alemanha, e lança-se agora na corrida ao armamento nuclear. Com as mesmas tendências: caluniar e sujar as suas vítimas enquanto lhes prepara um massacre. Ahmadinejad aprendeu com Hitler e ninguém se preocupa com isso. Todas as semanas, ele fala em apagar Israel do mapa, e ninguém diz nada. Por vezes os judeus não falam o suficiente. A grande diferença é que Hitler embarcou no conflito e só depois tentou desenvolver armas nucleares.

Netanyahu anunciou que uma estratégia já havia sido determinada contra o Irã, e que Israel tinha dois papéis a desempenhar: difundir a ideia de que o Irã se prepara para destruir os judeus e fazer com que o presidente Ahmadinejad seja julgado por um tribunal internacional, por atos de incitação ao genocídio (segundo o princípio da justiça preventiva). Além disso, caberia a Israel convencer os Estados ocidentais a adotarem unilateralmente sanções econômicas contra o Irã, de modo que ponha a sua economia de joelhos, sem que essa resolução passe pelo Conselho de Segurança da ONU. Uma operação já posta em marcha com a interdição do Tesouro estadunidense de comerciar com a banca Saderat, que serviu para transferir os subsídios iranianos ao Hezbollah para a reconstrução do Líbano.

---

externa e de segurança comum, Javier Solana, do ministro britânico das Relações Exteriores, Jack Straw, publicado no jornal *Le Monde* (Paris, 23 de setembro de 2005).

O ex-diretor da CIA, James Woolsey, traçou um cenário mundial para uma possível agressão ao Irã. Segundo ele, ninguém devia se contentar com "intervenções cirúrgicas em duas ou três instalações [nucleares]", mas que se devia "destruir o poder de *Vilayat-al-Faqit*" (ou seja, o poder do clero xiita): "Nós somos chamados e obrigados a usar da força contra o Irã". Uma operação que não poderia ser conduzida senão pelos Estados Unidos e por Israel, porque "eu teria gostado que tivéssemos uma parceria com a Europa, mas estou muito assustado com a sua deterioração. A Europa está se acomodando com a *Sharia*, e se tornando incrivelmente afetada pelo impulso demográfico muçulmano".

A passagem à fase operacional de um ataque global foi designada *Concept Plan* (Conplan) 8022, "o plano geral dos cenários estratégicos envolvendo o uso de armas nucleares e centrado, em particular, nas novas formas de ameaça – Irã, Coreia do Norte – assim como sobre os proliferadores e os terroristas potenciais". Desde o fim de 2004, Israel armazenou armas clássicas e nucleares, na previsão de um ataque contra o Irã. Esse armazenamento, financiado pelo auxílio militar norte-americano, encontrava-se quase terminado em junho de 2005. Israel recebeu dos Estados Unidos vários milhares de armas inteligentes lançadas a partir de aviões, entre as quais cerca de quinhentas bombas anti-*bunker*, que podem igualmente ser utilizadas como vetores de bombas nucleares táticas.

Submarinos Dolphin israelenses, equipados com mísseis *Harpoon* norte-americanos com ogivas nucleares, estão previstos para serem usados contra o Irã. O diretor da CIA, Porter Gross, enviado em missão a Ancara, pediu ao primeiro-ministro turco Erdogan apoio político e logístico para o bombardeamento de alvos nucleares e militares iranianos. Ancara autorizou Israel a efetuar exercícios militares nas regiões montanhosas da Turquia, fronteiriças com o Irã e a Síria. Anteriormente, a Turquia já havia autorizado o treino de pilotos israelenses na zona fronteiriça com o Irã.

Certo número de países árabes limítrofes passou a ser parceiro tácito do projeto militar norte-americano. Em novembro de 2004, altos responsáveis do *Tsahal* (Exército israelense) assinaram, no quartel-general da Otan, em Bruxelas, um protocolo com os seus homólogos de seis países da região: Egito, Jordânia, Tunísia, Marrocos, Argélia e Mauritânia. Na sequência desse encontro, Estados Unidos, Israel e Turquia efetuaram manobras conjuntas ao largo da Síria. E, em fevereiro de 2005, Israel participou de exercícios militares e manobras antiterroristas com alguns países árabes.

Os ataques aéreos contra o Irã poderiam desencadear uma guerra em vasta região, compreendendo o Oriente Médio e a Ásia Central. Teerã reforçou a sua defesa aérea, comprando 29 sistemas antiaéreos russos Tor M-1. A Rússia assinou um contrato, no valor de um bilhão de dólares, de venda ao Irã de um sistema de defesa moderno, apto a destruir mísseis e bombas teleguiadas por laser. Na União Europeia, nenhuma personalidade política se opôs aos planos norte-americanos. Washington conseguiu um consenso no seio da Otan, assim como no Conselho de Segurança da ONU. Os "ataques cirúrgicos" são apresentados à opinião mundial como uma forma de impedir o Irã de fabricar armas nucleares. O aiatolá Khamenei, líder supremo do Irã, ameaçou que no caso de um ataque militar dos Estados Unidos, o seu país retaliaria com todos os meios à sua disposição. O responsável iraniano nas negociações sobre o programa nuclear, Ali Larijani, afirmou que o Irã limitaria suas vendas de petróleo aos países que o apoiarem no conflito: "Os países que têm trocas com o Irã, particularmente no domínio petrolífero, não defenderam, até agora, os direitos do Irã". O Irã é o segundo maior produtor de petróleo da Opep e detém cerca de 10% das reservas mundiais.

Não se deve confundir a oferta norte-americana de negociações diretas com Teerã com uma indicação de que os Estados Unidos decidiram não tomar esse rumo. Um ato unilateral de guerra contra o Irã exige um processo prévio de diplomacia para criar as condições políticas necessárias, tanto em termos de preparar a opinião pública nacional e estrangeira como de negociar com as outras grandes potências. O editorial do *The New York Times* (de 2 de junho de 2006) sublinhava que "poucos dos seus assessores esperam que os dirigentes do Irã aceitem a principal condição de Bush": que o Irã, isolado entre todos os países, aceite a imposição norte-americana de uma proibição total de enriquecimento ou reprocessamento de urânio, sobretudo com inspeções internacionais. Isso significaria entregar explicitamente a sua soberania nacional aos Estados Unidos. Era "uma proposta com o objetivo de fracassar". Quanto às verdadeiras intenções da Casa Branca, uma fonte interna foi citada: "Se vamos enfrentar o Irã, primeiro temos que dizer que 'tentamos manter conversações'".

Um analista sugeriu outra explicação:

> Os falcões em Washington se alinharam na convicção de que uma proposta de conversações diretas agora reforçará mais tarde os seus argumentos a favor de uma ação militar. Também ajuda a manter a Rússia e a China do seu lado quando as conversações falharem; os falcões então farão pressão por uma resolução obrigatória do Conselho de Segurança que imponha ao Irã a suspensão do enriquecimento e depois, se a Rússia e a China bloquearem as sanções, pedirão medidas unilaterais dos Estados Unidos e seus aliados.

Mas as ameaças bélicas ao Irã são um "discurso", que deve ser posto no contexto da crise geral da política dos Estados Unidos e de Israel no Oriente Médio. O questionado premiê israelense Ehud Olmert resumiu:

> O apoio do Irã ao terrorismo palestino – pelo apoio financeiro, de fornecimento de armas e de *know how*, ora diretamente, ora via Síria; a assistência iraniana ao terror no Iraque, a descoberta dos meios facultados pelo Irã ao Hezbollah durante a guerra no Líbano e a assistência oferecida ao Hamas demonstraram a seriedade da ameaça iraniana.

Contudo, "por mais séria que seja a ameaça iraniana, um ataque nuclear contra Israel não é de modo algum iminente".

Ou seja, o ataque nuclear é uma ameaça que visa a neutralizar o apoio iraniano às resistências da Palestina, do Iraque e do Líbano. O regime iraniano, por sua vez, tem feito muito pouco para preparar o país para uma possível guerra.[3] Isso mostra que não vê esse ataque como muito provável, ou que esconde ou minimiza as notícias sobre um possível ataque dos Estados Unidos, para evitar o pânico.

A princípio, a Casa Branca evitou pedir ao Conselho de Segurança da ONU que impusesse sanções diplomáticas e econômicas contra o Irã, em grande parte por causa da oposição russa e chinesa. A secretária de Estado norte-americana Condoleezza Rice declarou: "Ninguém disse que tínhamos que nos apressar imediatamente com alguma forma de sanção". Mas sanções iniciais foram acordadas em junho de 2006 entre os Estados Unidos e os outros quatro membros do Conselho de Segurança da ONU (Grã-Bretanha, França, Rússia e China), a Alemanha e o chefe da diplomacia da União Europeia. A Rússia e a China concordaram em que, mesmo não aprovando as sanções, não as bloqueariam. Define-se um anel militar em torno do Irã. As sanções poderiam estabelecer as condições para a guerra, mesmo que as outras potências envolvidas se mostrem relutantes ou se oponham. Olhando para a guerra desencadeada pelos Estados Unidos contra o Iraque, a diplomacia, as sanções e as manobras no Conselho de Segurança da ONU não impediram a guerra, antes lhe abriram caminho.

Um embargo de armas reduziria a capacidade de defesa do regime iraniano, dado que o país importa seu armamento sofisticado da Rússia e da China. A economia do Irã é também

---

[3] Certamente, o Irã tomou precauções contra as possíveis medidas bélicas norte-americanas, reforçando a concretagem da cobertura de certas instalações, e ampliando a rede interna de contatos por meio de túneis subterrâneos, o que proporcionaria alguma proteção contra ataques convencionais, mas poderia, por outro lado, encorajar a utilização de armas atômicas de menor porte.

muito dependente dos mercados mundiais. A alta do preço do petróleo durante a última década não tornou o Irã economicamente mais independente, ao contrário, das exportações de petróleo. A economia iraniana assenta-se nessas exportações, responsáveis por 80% do PIB. As receitas do petróleo do Irã quase triplicaram desde 1997, são agora três quartos das receitas do governo. Além disso, um bloqueio das importações, incluindo maquinaria e tecnologia, poderia incapacitar rapidamente toda a economia do país.

Embora o Irã tenha insistido em que o seu único objetivo é produzir eletricidade e não fabricar armas nucleares, o governo anunciou que tinha conseguido atingir um nível de enriquecimento de urânio de 4,8%. Isso está muito longe do nível necessário para fabricar material para as bombas nucleares (que é próximo dos 90%). E, ao mesmo tempo que o regime alegava ter usado com sucesso 164 centrifugadoras, houve relatos de que as máquinas se desfizeram e partiram no decorrer do enriquecimento. Mas o regime busca criar a impressão de que podia fabricar rapidamente enorme quantidade de material de fissão.

Na mesa diplomática mundial, no entanto, os Estados Unidos estão colhendo os frutos de seu retrocesso no Iraque e no Líbano, quando a oposição da China e da Rússia condenou ao fracasso a tentativa da secretária de Estado Condoleezza Rice de aprovação de sanções contra o Irã no Conselho de Segurança da ONU. Os Estados Unidos apostavam sua estratégia na consolidação de uma aliança que integraria os cinco países membros permanentes do Conselho – China, Estados Unidos, França, Grã-Bretanha e Rússia – mais a Alemanha, na suposição de que a coalizão poderia chegar a um acordo para punir o Irã por negar-se a pôr fim a seu programa nuclear. Mas a Rússia e a China não têm interesse em enfraquecer o Irã, e declararam que não iriam aderir à estratégia. Em maio de 2006, Condoleezza Rice fez uma concessão: propôs participar de negociações diretas com Teerã em troca de que as outras cinco potências da coalizão aprovassem sanções, mas a Rússia e a China bloquearam o plano.

A proposta apresentada ao Irã pelos cinco membros permanentes do Conselho de Segurança, mais a Alemanha, não continha nenhuma referência a tais sanções, e não qualificava o programa nuclear do Irã como uma ameaça à paz e à segurança internacional, como pretendiam os Estados Unidos. E permitiria à Rússia continuar cooperando na construção do reator nuclear na cidade iraniana de Bushehr. Condoleezza Rice propusera emendas nesse sentido. Mas os europeus as rejeitaram, e o embaixador norte-americano na ONU, John Bolton, ameaçou retirar o apoio à iniciativa. Rússia, Alemanha e Inglaterra mantiveram o projeto de resolução no Conselho de Segurança; os russos insistiram em impor sanções menos duras do que as incluídas no projeto. O chanceler russo esclareceu que apoiaria "sanções para impedir que materiais nucleares e tecnologias delicadas entrem no Irã", mas foi contra outras sanções: "A Rússia é contra castigar o Irã".

A China e a Índia, que detêm um terço da população mundial, vêm crescendo economicamente, nas duas últimas décadas, a uma taxa média entre 6% e 10% ao ano. Previu-se que até 2020, a China deverá aumentar em 150% o seu consumo energético, e a Índia em 100%, se forem mantidas suas atuais taxas de crescimento. Nenhum dos dois países tem condições de atender a suas necessidades internas pelo aumento da produção doméstica de petróleo ou de gás. A China já foi exportadora de petróleo, mas hoje é o segundo maior importador de óleo do mundo, importações que atendem a um terço de suas necessidades internas.[4] No caso da Índia, sua dependência do

---

[4] A China, em meados da década de 1990, tornou-se o quinto maior produtor de petróleo do mundo. Ela é o segundo maior consumidor mundial de energia, atrás apenas dos Estados Unidos. Todavia, a transformação mais forte para a China, e para sua atuação externa na área energética, foi sua conversão em país importador líquido de petróleo em 1993. Vinte anos de intenso crescimento econômico chinês, especialmente na década de 1985-1995, em que o país cresceu à taxa de 9,8% ao ano, foram responsáveis pelo crescimento da demanda energética, especialmente petrolífera, da China. Já em 1996, a demanda

fornecimento externo de petróleo é ainda maior do que a da China e, nestes últimos quinze anos, passou de 70% para 85% do seu consumo interno. Japão e Coreia permanecem altamente dependentes de suas importações de petróleo e de gás.

A necessidade de antecipar-se e garantir o fornecimento futuro de energia é que explica a aproximação de todos esses países com o Irã, a despeito da forte oposição dos Estados Unidos.[5] O Irã anunciou que não mudaria sua posição em matéria nuclear e que não temia o Conselho de Segurança das Nações Unidas. O embaixador do Irã na Aiea, Ali Asghar Soltanieh, declarou que seu país estava preparado para negociar o programa nuclear, mas rejeitava a imposição de "condições prévias". A crise da coalizão ocidental reflete o conflito de interesses entre os governos de Bush e Vladimir Putin não apenas quanto ao programa nuclear iraniano, mas sobre assuntos geopolíticos mais amplos. Moscou anunciou que "não colocará em risco o vínculo político com potências regionais". E a Rússia já disse que não aceita um "escudo antimíssil europeu" (mas controlado pelos Estados Unidos) contra um, mais do que

---

superou a oferta/produção interna em cerca de 400 mil barris/dia. Estudo publicado pelo Banco Mundial em 1997 previu que a taxa de crescimento chinesa seria de 6,6% ao ano até 2020. Nesse mesmo período, projeta-se que o consumo primário de energia na China aumentará de 37,1 quadrilhões de BTUs (*British Thermal Unit*) e alcançará, em 2020, a marca de 98,3 quadrilhões de BTUs, aproximando-se ao consumo primário projetado dos Estados Unidos, estimado em 119,9 quadrilhões de BTUs. Em 1980, o consumo primário chinês foi de 18 quadrilhões de BTUs.

[5] As relações diplomáticas do Irã com a China estão retratadas no Comunicado Conjunto entre a República Popular da China e a República Islâmica do Irã (*Joint Communiqué Between the People's Republic of China and the Islamic Republic of Iran*) de 2002: "Ambos os lados apoiam a multipolarização mundial. [China e Irã] enfatizaram a necessidade de estabelecer uma nova ordem política e econômica internacional equitativa, justa, leal e razoável, isto é, livre do hegemonismo e do poder político e baseada na igualdade. Eles demonstraram sua prontidão em trabalhar juntos para o estabelecimento de tal nova ordem".

improvável, delirante, ataque nuclear iraniano contra a Europa, escudo situado fora da órbita direta de influência russa (a Rússia propôs que o escudo fosse construído na ex-república soviética do Azerbaijão).

Em apelo aos norte-americanos intitulado "Não ataquem o Irã" (publicado no *International Herald Tribune* de 26 de abril de 2006), o antigo conselheiro norte-americano para a Segurança Nacional, o já mencionado Zbigniew Brzezinski, avisou:

> Embora os Estados Unidos sejam claramente preponderantes no mundo, não têm o poder – nem a inclinação interna para impor e depois manter a sua vontade diante de uma resistência dispendiosa e prolongada. Essa é certamente a lição aprendida nas suas experiências no Vietnã e no Iraque.

Se, de qualquer modo, os Estados Unidos prosseguirem e vierem a atacar o Irã, ele avisa: "a era da preponderância norte-americana pode vir a ter um fim prematuro".

A preocupação de Brzezinski com a questão da "vontade interna" é uma referência à necessidade da mobilização norte-americana em massa para duplicar, triplicar ou mais o seu número de tropas. Isso poderia ativar enorme alteração da situação política interna dos Estados Unidos. Brzezinski aponta uma possível solução para o problema: "Se houver outro ataque terrorista nos Estados Unidos, podem apostar até os vossos últimos dólares que também haverá acusações imediatas de que o Irã é o responsável, de forma que gere uma histeria pública favorável a uma ação militar". Essas manifestações evidenciam diferenças reais dentro da classe dominante dos Estados Unidos sobre como abordar a questão do Irã, e a crise mundial em geral.

A questão iraniana já bateu em área sensível do Brasil. Alguns fundos de pensão estrangeiros, que têm ações na Petrobras, querem que a empresa cancele todos os contratos e negócios com o Irã. São os cinco maiores fundos de pensão dos Estados Unidos, que possuem quantidade expressiva de ações na Petrobras. O valor das ações desse grupo seria de US$ 113 milhões. No estado da Flórida vigora uma lei obrigando que todos os fundos de investimento, que envolvam empresas que atuam no Irã, tentem convencer essas empresas para não investirem mais no país. Já há nos Estados Unidos uma lei que proíbe, nominalmente, algumas empresas de investirem no Irã. O Congresso norte-americano quer ampliar a lei para todas as empresas. O Brasil ainda não cedeu a essa pressão, mas a Casa Branca quer impedir o investimento no Irã. Um fundo de professores da Califórnia, que possui cerca US$ 170 milhões em ações da Petrobras mandou-lhe uma carta advertindo contra o investimento feito no Irã.

A reação do Irã diante das provocações dos Estados Unidos é uma reação de toda a classe dominante iraniana à nova situação no Oriente Médio, com preocupações partilhadas por todas as facções do regime, que cerraram fileiras diante das ameaças norte-americanas e da atitude mais dura da União Europeia. Os desafios de Ahmadinejad que as potências ocidentais têm usado contra o Irã são um produto dessa mudança, não a sua causa. A defesa do programa nuclear unificou todas as correntes do alto clero xiita, de linha moderada ou radical, do ex-presidente moderado Ali Rafsanjani ao líder máximo espiritual (pela hierarquia islâmica, mais importante que o presidente), Ali Khamenei. O endurecimento dos discursos do governo foi feito de forma uníssona e unânime, inclusive com apoio dos jovens do país. A classe dominante do Irã acredita que por causa de seus problemas no Iraque e no Afeganistão, os Estados Unidos não estão atualmente em condições de atacar o Irã, mas também que não vão aceitar sua sobrevivência em sua atual forma.

Em outubro de 2006, George Bush instruiu uma comissão do congresso dos Estados Unidos para elaborar um plano de divisão do Iraque em três países diferentes, de maioria xiita, curda e sunita, respectivamente, uma divisão de fato do Iraque em Curdistão (que seria um protetorado Estados Unidos--Israel), Iraque do Sul (dominado pelo Irã) e os páramos de Sunni (dominados por ex-*baathistas* às ordens e sob tutela do

Departamento de Estado norte-americano). O estabelecimento de um condomínio sobre o Iraque, com o reconhecimento da influência iraniana no país, e a associação direta do Irã na manutenção da ordem regional poderiam pavimentar o caminho para uma saída negociada do contencioso nuclear.

No Irã, as contradições sociais internas começam a ganhar terreno. Em meados de 2007, iranianos furiosos com a decisão do governo de racionar a gasolina incendiaram pelo menos dezenove postos em Teerã. Cerca de 250 pessoas foram presas durante os distúrbios. A sobrevivência do atraso industrial, que a Revolução Islâmica não conseguiu superar, está intimamente ligada ao fato. Embora o Irã seja o quarto maior exportador de petróleo, precisa importar 40% da gasolina que consome, por falta de capacidade de refino. Apesar disso, o preço final para o consumidor é baixo, por causa do subsídio do governo. Em maio, a população já se mostrara descontente porque o governo reduziu o subsídio, o que provocou aumento de 25% no preço do combustível. Os distúrbios não se limitaram a Teerã – que concentra a metade dos 7 milhões de automóveis do Irã –, atingindo também o leste do país.

No mesmo ano, um início de crise política desencadeou nova ofensiva repressiva. O chefe de polícia afirmou ter detido 150 mil pessoas (!) em ofensiva contra trajes considerados não islâmicos, no auge de uma das mais violentas ofensivas contra dissidentes dos últimos anos. Vêm sendo visados lideranças trabalhistas, universidades, imprensa, defensores dos direitos das mulheres e até um ex-negociador nuclear. A ofensiva ocorre em um contexto econômico de dificuldades. Ahmadinejad começou a enfrentar pressões crescentes por não cumprir as promessas de propiciar mais riqueza por conta da alta mundial do preço do petróleo.

Em que pese o aumento mundial do consumo, o Irã se encontra, em termos de barganha petroleira, em situação inferior àquela dos tempos do xá, por mudanças tecnológicas mundiais. A Agência Internacional de Energia divulgou dados mostrando que em 1973, ano do primeiro choque do petróleo, 45%

da matriz energética do mundo tinha essa origem, enquanto só 16,2% era proveniente de gás natural. Em 2004, o petróleo reduziu sua participação para 34,4% da matriz e o gás passou a responder por 21,2% do total.

Alguns analistas dizem estar ocorrendo uma revolução cultural no país, em relação à questão dos hábitos cotidianos e ao controle religioso, mas a mídia iraniana não discute essas questões, voltando as atenções para os inimigos políticos de Ahmadinejad, como o ex-presidente Mohammad Khatami, e a polêmica sobre se ele violou a moral islâmica ao apertar a mão de uma mulher em Roma(!). Mais de trinta defensores de direitos das mulheres foram presos num único dia de março. Cinco deles já foram acusados de ameaçar a segurança por organizar campanha pela revogação das leis discriminatórias contra as mulheres.

9. Conclusão

A revolução iraniana concentrou todas as contradições do desenvolvimento histórico do país, em especial em sua fase moderna e contemporânea, como semicolônia dos imperialismos russo e britânico, no século XIX e na primeira metade do século XX, e do imperialismo norte-americano, depois da Segunda Guerra Mundial. A questão democrática (luta contra a monarquia) e a questão agrária, não resolvidas pelo desenvolvimento capitalista raquítico e dependente do país, puseram-se contra o pano de fundo do desenvolvimento desigual e combinado de sua economia, que gerou uma moderna indústria petroleira, e um proletariado que, embora minoritário, ganhou forte poder econômico e político. A classe operária estava concentrada nos centros de produção de petróleo para exportação e na área de serviços de todo tipo, além da indústria dirigida ao mercado interno, concentrada na periferia da capital, Teerã.

Em 1978-1979, produziu-se no Irã o vertiginoso desenvolvimento de um movimento revolucionário, no qual, inicialmente, a classe operária lutou pela direção da mobilização de todos os explorados, movimento que desmantelou o Estado e criou uma situação revolucionária. A revolução no Irã, no entanto, debutou como um vasto movimento democrático dirigido pela burguesia nativa. Esse foi o caráter do movimento em seus inícios, quando tinha seu centro na cidade santa de Qom, onde a hierarquia religiosa xiita se pôs à cabeça da mobilização de massas contra o regime ditatorial do xá. Durante dois anos, o caráter e o ritmo do movimento – sua direção – foram garantidos e controlados pela hierarquia islâmica, financiada pela burguesia comercial e financeira do *Baazar*. O enfrentamento entre esse setor e o regime monárquico dominava o centro da cena política, bloqueando uma ação histórica independente das massas.

A intensificação do enfrentamento teve, porém, consequência não desejada por nenhuma das frações burguesas ou clericais em disputa: a crescente afirmação do proletariado no interior do movimento democrático e anti-imperialista. Uma transformação do processo revolucionário aconteceu quando o proletariado começou a combater com seus próprios métodos (greves, ocupação de fábricas) o regime do xá. A ampliação do combate democrático levou a classe operária a tornar-se mais independente da direção burguesa e religiosa.

O centro geográfico do movimento deslocou-se então para as regiões petroleiras de Abadan e para a própria capital, Teerã. Foi a partir da greve geral petroleira de outubro de 1978 que começou a contagem regressiva do governo do xá. E foi também a partir dessa data que começaram a se desenvolver os comitês operários nos centros petrolíferos e no cinturão industrial de Teerã, além de 105 comitês de bairro na própria capital. As ações testemunhavam a vontade do movimento operário de imprimir seu selo de classe à revolução democrática, transformando-a.

Foi a transformação interna da mobilização revolucionária que determinou que a original intransigência da direção khomeinista fosse cedendo lugar à vontade de saída nos quadros do regime, uma transição que preservasse o Exército, mas que incluísse também as frações burguesas que haviam sido excluídas.

A tentativa de conciliação com o antigo regime (que acenara até com a possibilidade de uma monarquia constitucional) foi evidente quando o primeiro-ministro Barzagan confessou a existência de um acordo, do qual um aspecto era a nomeação de Chapour Bakhtiar (membro da Frente Nacional de Oposição) como primeiro-ministro, pelo próprio xá: "Estimávamos que devíamos organizar, depois da partida do xá e da instauração de um Conselho da Coroa, eleições gerais e livres, que teriam aberto a via para a designação de uma Assembleia

Constituinte, para transformações radicais, e depois a transferência do poder". Chapour Bakhtiar, presidente do Conselho, teria apoiado esse projeto, do mesmo modo que os chefes do Exército e da polícia, segundo o bem informado correspondente *sur place* de *Le Monde*, em 15 de maio de 1979.

Mas o movimento proletário expresso na greve geral já possuía um alto grau de independência em relação à direção burguesa, e tinha por trás um colossal movimento de massas. Sua expressão foi a insurreição popular de 10, 11 e 12 de fevereiro de 1979, que quebrou o Exército imperial e assistiu à tomada de armas por parte do povo. Isso liquidou os planos de transformação pacífica da monarquia. "Eu não tinha ainda declarado a guerra santa", disse Khomeini posteriormente. Por isso, a repressão contra a esquerda e o movimento organizado dos trabalhadores começou imediatamente depois de vitoriosa a revolução democrática antimonárquica, dando papel decisivo às milícias islâmicas. Estas foram depois transformadas em Guardiões Revolucionários, conquistando enorme poder político no novo Estado, com o qual a hierarquia xiita teve que contar. O que, até certo ponto, limita o próprio poder dos *mulás*.

Ainda em 1979, quando a direção burguesa queria dar por terminada a revolução, para as massas ela recém-começava. A auto-organização operária se manteve, pelo menos, até 1981 nos principias centros industriais e fez pairar o fantasma de uma segunda revolução, social, mais radical, não só no Irã, mas em toda a região, na Arábia Saudita em primeiro lugar. Os comitês khomeinistas começaram então a competir, inicialmente e depois a chocar abertamente, até mesmo militarmente, com os comitês independentes surgidos da insurreição popular. O confronto estendeu-se desde setembro de 1978 até fevereiro do ano seguinte. O primeiro-ministro Barzagan resumiu a situação nestes termos, dirigidos aos correspondentes estrangeiros: "Vocês não concebem a que fantástica pressão popular estamos sendo submetidos, todos, sem exceção".

A mobilização revolucionária impediu um acordo pacífico entre a burguesia nacional e o imperialismo, que até mesmo buscou um terreno de *entente* com a própria hierarquia xiita. Khomeini chegou a afirmar que o fuzilamento de homens do regime do xá tinha função preventiva, pois, caso o novo regime não executasse alguns altos personagens imperiais, "o povo teria realizado um verdadeiro massacre".

A força social da classe operária e dos setores mais pobres e explorados, porém, não se transformou em força política independente, pela política carente de independência em relação ao clero xiita ou à burguesia *bazaari* das principais correntes de esquerda, os *fedayyin* marxistas, os *mujaheedeen* islamo--marxistas e, sobretudo (pela sua força nos sindicatos e centros petroleiros) o Tudeh. O partido, dependente da burocracia da União Soviética, revelou uma posição reacionária, por sua política mundial, nos momentos decisivos do enfrentamento anti-imperialista (ocupação da embaixada norte-americana em Teerã).

Diante do temor e da fraqueza da burguesia iraniana diante do movimento dos explorados, da dissolução do Exército imperial e da carência de independência política real da classe operária, o clero xiita pôde jogar papel de arbitragem que se estendeu por todo um período histórico, chegando até hoje. Essa arbitragem o pôs à cabeça do Estado islâmico, no qual as instituições representativas, eleitas em escrutínio, estão subordinadas a instâncias não eleitas (pela maioria da população) próprias à instituição religiosa, configurando um regime de natureza bonapartista-teocrática.

Logo depois da revolução, a guerra contra o Iraque atenuou as suas contradições internas e serviu também como álibi já não só ideológico, mas também militar, para a repressão contra a esquerda e o movimento operário independente. O fracasso do empreendimento bélico iraquiano (afinal, o verdadeiro motivo do enforcamento de Saddam Hussein, vinte anos depois) fortaleceu o bonapartismo xiita e deu o lugar central do Estado a sua milícia armada.

A partir de meados da década de 1980, o declínio dos preços internacionais do petróleo acrescentaria um fator econômico à queda do poder da classe operária. Com o desemprego, a queda da renda nacional e as perdas salariais, a luta dos trabalhadores retrocedeu e voltou a seus níveis mais elementares.

Os acontecimentos atuais demonstram que, apesar de suas inúmeras limitações, a revolução iraniana de 1979 alterou decisivamente o equilíbrio político do Oriente Médio, e se projetou como um poderoso fator de crise política mundial. A população do Irã, que era de 34 milhões na época da Revolução Islâmica, pulou para 70 milhões, hoje, sendo que 65% dela tem menos de 25 anos de idade. Esses jovens formam a população mais instruída do país de todos os tempos, pois o índice de alfabetização nunca foi tão alto, tendo passado de 59% para 82%, nos últimos vinte anos. Mas não é fácil ter vinte anos no Irã, hoje: 40% dos jovens estão desempregados.

As novas gerações iranianas encaram novos desafios, que põem novamente o Irã no centro da tormenta política mundial. A "questão iraniana" se projeta para todo o Oriente Médio, demonstrando que a solução dos problemas da própria revolução tem por palco decisivo a arena internacional. Um combate anti-imperialista consequente terá o efeito de trazer à baila as contradições políticas internas do país e, sobretudo, as suas contradições de classe. A experiência política do último quarto de século será decisiva. De sua assimilação depende a retomada do fio condutor com toda a longa tradição revolucionária do país de Mazdak e Sultanzadé, da reconstituição de seu elo histórico e de classe com a luta socialista dos explorados do mundo todo.

BIBLIOGRAFIA

ABRAHAMIAN, E. *Khomeinnism*. Essays on the Islamic Republic. London: I. B. Tauris, 1993.

_____. *Radical Islam*. The Iranian *mojahedin*. Londres: I. B. Tauris, 1989.

AFARY, J. e ANDERSON, K. The Iranian impasse. *The Nation*, New York, 16 jul. 2007.

ARRAES, V. Estados Unidos e Irã: contradição no posicionamento nuclear. *Correio da Cidadania*, São Paulo, 14 maio 2007.

ARUFFO, A. *Il Mondo Islamico*. Da Maometto ad oggi. Roma: Datanews, 1995.

ASAN, G. EEUU anima al "fundamentalismo religioso" para contrarrestar los movimientos nacionalistas y socialistas. *Global Research*, 15 out. 2005; *CSCAweb*, 26 out. 2005.

BAKHASH, S. *The Reign of the Ayatollahs*. Iran and the Islamic Revolution. New York: Basic Books, 1984.

BARBOSA, R. Os xiitas no mundo. *O Estado de S.Paulo*, São Paulo, 22 maio 2007.

BARNES, J. et al. After the storm. *National Journal*, Washington, mar. 1991.

BARRY, M. *La Résistance Afghane*. Du Grand Moghol à l'invasion soviétique. Paris: Champs-Flammarion, 1989.

BASSAM, T. *The Challenge of Fundamentalism*. Political Islam and the New World Disorder. Los Angeles: University of California Press, 1998.

BEHRANG. *Iran*. Un eslabón débil del equilíbrio mundial. México: Siglo XXI, 1980.

BONAKDARIAN, M. *Britain and the Iranian Constitutional Revolution of 1906-11*. Foreign Policy, Imperialism, and Dissent. Los Angeles: Syracuse, 2007.

BOSTOM, A. G. *The Legacy of Jihad*. New York: Prometheus Books, 2005.

BOWDEN, M. *Guests of the Ayatollah*. The first battle in America's war with militant Islam. New York: Atlantic Books, 2006.

BROUÉ, P. *Histoire de l'Internationale Communiste 1919-1943*. Paris: Arthème Fayard, 1997.

BUCHANAN, P. Hysteria at Herzliya. *Antiwar.com*, acesso em 31 jan. 2007.

CABRAL FILHO, S. B. A "revolução branca". CARLOS, Newton. (Ed.). *Irã*. A força de um povo e de sua religião. Rio de Janeiro: Expressão e Cultura, 1979.

_____. Dinastia Pahlavi imperialismo e absolutismo. CARLOS, Newton. (ed.). *Irã*. A força de um povo e de sua religião. Rio de Janeiro: Expressão e Cultura, 1979.

CAPELLUTO, N. e PALUMBERI, F. *Energie e Petrolio nella Contesa Imperialista*. Milano: Lotta Comunista, 2006.

CARLOS, N. Outro Vietnã, outros Irãs. CARLOS, Newton. (Ed.). *Irã*. A força de um povo e de sua religião. Rio de Janeiro: Expressão e Cultura, 1979.

COGGIOLA, O. Con Irán, contra el imperialismo. *Política Obrera*, Buenos Aires, n.305, dez. 1979.

_____. La revolución permanente en Irán. *Política Obrera*, Buenos Aires, n.297, jul. 1979.

_____. Qué pasa en Irán. *Política Obrera*. Buenos Aires, n.306, jan. 1980.

COVILLE, T. *Iran*. La révolution invisible. Paris: La Découverte, 2007.

CHOSSUDOVSKY, M. A guerra que se prepara. *http://politicaoperaria. obitoque.com/textos/artigo104_10.html*.

DABASHI, H. *Iran: a People Interrupted*. New York: New Press, 2007.

_____. *Theology of Discontent*. The ideological foundation of the Islamic Revolution in Iran. New York: Transaction Publishers, 2006.

DE LIMA, A. A conspiração de 1953. CARLOS, Newton. (Ed.). *Irã*. A força de um povo e de sua religião. Rio de Janeiro: Expressão e Cultura, 1979.

DELON, V. Iran gays, mais cachés. *L´Express*, Paris, 28 jun. 2007.

DELPÉCH, T. *Iran and the Bomb*. The Abdication of International Responsibility. London: Hurst & Co., 2007.

DELPÉCH, T. Les États-Unis et la terreur nucléaire. *L´Histoire(Paris)*, n.321, jun. 2007.

DEMANT, P. *Islam vs. Islamism*. The Dilemma of the Muslim World. Westport: Praeger, 2004.

_____. *O mundo muçulmano*. São Paulo: Contexto, 2004.

DEMPSEY, J. Iran and Belarus forge strategic partnership. *International Herald Tribune*, Washington, 22 maio 2007.

DINES, A. A religião do deserto. CARLOS, Newton. (Ed.). *Irã*. A força de um povo e de sua religião. Rio de Janeiro: Expressão e Cultura, 1979.

DJALILI, M.-R. *Géopolitique de l´Iran*. Bruxelles: Complexe, 2005.

DÖRING, F. Panarabismo y panislamismo. In: KERNIG, C. D. (Org.). *Marxismo y Democracia*. Historia 8. Madri: Rioduero, 1975.

DOS SANTOS, M. A cronologia da crise. CARLOS, Newton. (Ed.). *Irã*. A força de um povo e de sua religião. Rio de Janeiro: Expressão e Cultura, 1979.

EÇA, L. Bush corrige a pontaria: o Irã. *Correio da Cidadania*, São Paulo, 24 jul. 2007.

ELIASCHEV, J. R. *Reagan, USA, los Años Ochenta*. México: Folios, 1981.

EL-KHOURY, F. *As revoluções xiitas no Islão (660-750)*. São Paulo: Marco Zero, 1983.

ETESAM, S. Iran: l´aube d´une révolution. *La Vérité*, Paris, n.585, fev. 1979.

EUA planejam campanha de isolamento financeiro contra o Irã. *Folha Online*, 3 jan. 2007.

Experts at Herzliya Conference War of Global Jihad, *Israel Faxx*, 23 jan. 2007.

FAYYAD, M. Un pays sous influence iranienne. *Courrier International*, Paris, n.864, maio 2007.

FERRO, M. *Le Choc de l´Islam*. Paris: Odile Jacob, 2002.

FISK, R. *The Conquest of the Middle East*. New York: Counterpunch, 2007.

FLOUNDERS, S. Why US is targeting Iran. In: *www.alainet.org*, acesso em 8 maio 2007.

FORD, N. OPEC Mark II? *The Middle East*, London, july, 2007.

FUSER, I. *O petróleo e o envolvimento dos EUA no Golfo Pérsico (1945-2003)*. São Paulo, 2005. Dissertação (Mestrado) Unicamp.

GALBRAITH, P. W. Um Iraque partido em três: resolve? *O Estado de S.Paulo*, 31 dez. 2006.

GHEISSARI, A. e NASR, V. *Democracy in Iran*. London: Oxford University Press, 2006.

GIACCHÈ, V. Controllo dell´Eurasia, armi e petrolio. *La Contraddizione*, Roma, n.93, nov. 2002.

GOODMAN, A., KINZER, S. e ABRAHAMIAN, E. The 1953 US backed coup in Iran. *Democracy Now*, New York, 25 ago. 2003.

GORDON, M. *Khomeini*. São Paulo: Nova Cultural, 1987.

GRESH, A. (Org.). Tempêtes sur l´Iran (dossier). *Manière de Voir*, Paris, Le Monde Diplomatique, n.93, jun. 2007.

GROSSO, L. Mato. A carta e a cartada do Irã. *Correio do Icarabe (São Paulo)*, n.50, 12 maio 2006.

HALLIDAY, F. El fundamentalismo en el mundo contemporáneo. *Webislam* n.114, 9 fev. 2001.

_____. *Islam and the Myth of Confrontation*. Religion and Politics in the Middle East. London: I. B. Tauris, 1999.

HARLING, P. e YASIN, H. A demonização forçada dos xiitas. In: *http://diplo.uol.com.br*, acesso em set. de 2006.

HARNEY, D. *The Priest and the King*. An Eyewitness Account of the Iranian Revolution. London: I.B. Tauris, 1988.

HOFFMAN, G. Netanyahu: who will lead the effort against genocide, if not us? *The Jerusalem Post*, 22 jan. 2006.

HOVEYDA, F. *The Shah and the Ayatollah*. Iranian Mythology and Islamic Revolution. Nova York:Praeger/Greenwood, 2003.

INTERNATIONAL CRISIS GROUP. Iraq's Moqtada Al-Sadr: spoiler or stabiliser? *Middle East Report*, Hopewell, ago.2006.

Iran Royaume Uni: la guerre des mots (dossier). *Courrier International*, Paris, n.857, abr. 2007.

Iran: muzzling dissent and moving to a war footing. *The Economist*, Londres, 30 jun. 2007.

Iran: nouvelle phase de la révolution prolétarienne mondiale. *La Vérité*, Paris, n.586, abr. 1979.

IRVING, C. *Sayings of the Ayatollah Khomeini*. New York: Bantam Books, 1980.

IVASHOV, L. L'Iran doit se tenir prêt à contrer une attaque nucléaire. In: *http://awww.voltairenet.org*, acesso em 20 maio 2007.

JACOBSON, P. Iran: dans les coulisses d'une guerre secrète. *The Sunday Times / Courrier International*, Paris, n.869, 28 jun. 2007.

KEDDIE, N. Irán y Afganistán. VON GRUNENBAUM, G. E. El Islam. Desde la caída de Constantinopla hasta nuestros días. Madrid: Siglo XXI, 1980.

KEPEL, G. *La Jihad*. Expansion et déclin de l'islamisme. Paris: Gallimard, 2000.

KHALAF, R. Irã em ascensão desafia vizinhos do Golfo Pérsico. *Folha de S. Paulo/Financial Times*, 3 jan. 2007.

KHOURY, A.-Th. *Los Fundamentos del Islam*. Barcelona: Herder, 1981.

KINZER, S. *Todos os homens do xá*. O golpe norte-americano no Irã e as raízes do terror no Oriente Médio. Rio de Janeiro: Bertrand Brasil, 2004.

KLEIN, J. The Iran Factor. *Time*, New York, 24 jul. 2006.

_____. L'Iran tra guerra e rivoluzione. *Lotta Comunista*, Milão, n.429, maio 2006.

_____. La guerre monétaire États-Unis/Iran en suspens, *Réseau Voltaire*, 19 set. 2006.

LAFOND, J.-D. e REED, F. A. *Conversations in Tehran*. New York: Talonbooks, 2007.

LAND, T. Nuclear reactors invade the Middle East. *The Middle East*, London, jul. 2007.

LEROI-PONANT, A. L'Iran du président Mahmoud Ahmadinejad. *Le Monde Diplomatique*, Paris, dez. 2006.

LEWIS, Bernard. *The Middle East and the West*. New York: Weidenfelds & Nicholson, 1963.

_____. The roots of muslim rage. *The Atlantic Monthly*, New York, set. 1990.

LIMA, A. Amoroso. O enigma iraniano. CARLOS, Newton. (Ed.). *Irã. A força de um povo e de sua religião*. Rio de Janeiro: Expressão e Cultura, 1979.

LUCIANI, G. A Opep na economia internacional: 1973-1978. *Encontros com a Civilização Brasileira*, Rio de Janeiro, n.16, out. 1979.

LY, Mamadou. *Iran 1978-1982*. Una rivoluzione reazionaria contro il sistema. Firenze: Prospettiva, 2003.

MACFARQUHAR, N. Irã lança ofensiva contra dissidentes. *The New York Times/Folha de S.Paulo*, 25 jun. 2007.

MACKEY, S. *The Iranians*. Persia, Islam and the soul of a nation. Washington: Dutton, 1996.

MEDDEB, A. *La Maladie de l'Islam*. Paris: Seuil, 2002.

MELMAN, Y. Iran-Israël: derrière les anathèmes, on negocie en secret. *Courrier International/Ha'aretz*, Paris, n.841, 14 dez. 2006.

MERAD, Ali. *L'Islam Contemporain*. Paris: PUF, 1990.

MEYSSAN, T. O "choque de civilizações". *http://resistir.info/*, acesso em 15 jul. 2006.

Mobilisation sioniste contre l'Iran. *Réseau Voltaire*, 17 nov. 2006.

MONIZ BANDEIRA, L. A. *Formação do império americano*. Rio de Janeiro: Civilização Brasileira, 2005.

NAHAVANDI, H. *Iran, Deux Rêves Brisés*. Paris: Albin Michel, 1980.

_____. *L'Iran 1940-1980*. Crise, revolution et tragédie. Paris: IREP, 1981.

NASR, V. When the Chiites Rise. *Foreign Affairs*, New York, Jul./Aug. 2006.

Nazione ed etnie nell'Iran moderno. *Lotta Comunista*, Milão, n.439, mar. 2007.

NOVAES, W. Fim do braço armado. CARLOS, Newton. (Ed.). *Irã. A força de um povo e de sua religião*. Rio de Janeiro: Expressão e Cultura, 1979.

NYQUIST, J. Cortejando guerra com a América. In: *www.MidiaSemMascara.org*, acesso em 14 jul. 2004.

Olmert: nuclear attack not imminent. *Israel Faxx*, 25 jan. 2007.

Opponents surprised by elimination of nuke research funds. *Defense News*, Nova York, 29 dez. 2004.

PALA, G. Iran, Irak, petrolio, oro e altro ancora. *La Contraddizione (Roma)*, n.114, maio 2006.

PARSI, T. *Treacherous Triangle*. The secret dealings of Israel, Iran and the United States. Nova York: Yale University Press, 2006.

_____. Under the veil of ideology: the Israeli-Iranian strategic rivalry. *Middle East Report On-Line*. www.merip.org, acesso em 9 jun. 2006.

PETRAS, J. Israel's war deadline: Iran in the crosshairs. In: *www.globalresearch.ca*.

PFAFF, W. Islam and the West. *The New Yorker*, Nova York, mar. 1991.

PFEFFER, A. Shadow boxing with Iran, *The Jerusalem Post*, 22 jan. 2006.

POSTEL, D. *Reading Legitimation Crisis in Tehran*. Iran and the future of liberalism. Nova York: Prickly Paradigm, 2007.

RAGIONIERI, R. *Il Golfo delle Guerre*. Islam, nazionalismo, superpotenze. Firenze: Cultura della Pace, 1991.

REDAELLI, R. *Il Fondamentalismo Islamico*. Florença: Giunti, 2003.

RICHARD, Y. *L'Iran*. Naissance d'une République Islamique. Paris: Martinière, 2007.

_____. Une perestroïka iranienne. *Les Cahiers de l'Orient (Paris)*, n.18, jul. 1990.

RIEDEL, B. Al Qaeda sonha com uma guerra entre os EUA e Irã. *O Estado de S.Paulo*, São Paulo, 14 maio 2007.

RODINSON, M. *L'Islam: Politique et Croyance*. Paris: Arthème Fayard, 1993.

RONCAYOLO, M. *Le Monde Contemporain*. De la Seconde Guerra mondial à nos jours. Paris: Robert Laffont, 1985.

ROUDI-FAHIMI, F. Iran's family planning program: responding to a nation's needs. *Population Reference Bureau*, Washington, jun. 2002.

ROY, O. *The Failure of Political Islam*. Nova York: Harvard University Press, 1994.

RUPPE, D. Preemptive nuclear war in a state of readiness: US Command declares global strike capability. In: *www.globalresearch.ca*, acesso em 2 dez. 2005.

SALVADORI, M. (org.). Iran. *Enciclopedia Storica*. Bologna: Zanichelli, 2005.

SÁNCHEZ, A. Bonilla. El petróleo y la guerra Irán–Irak. *Problemas del Desarrollo* (México, Universidad Nacional Autónoma), n.82,, jul. 1990.

SANGRONIS PADRÓN, J. Irán: el ajedrez mundial del petróleo. In: *www.alainet.org*, acesso em 15 maio 2007.

SANTARELLI, E. Come à stata costruita la guerra del Golfo. In: RUOLO, G. (ed.). *Per um Aggiornamento della Teoria dell'Imperialismo*. Milão: Punto Rosso, 1994.

SCIARCIA AMORETTI, B. *Il Mondo Musulmano*. Quindici secoli di storia. Roma: Carocci, 2005.

SCHIRAZI, A. *The Constitution of Iran*. Nova York: Tauris, 1997.

SCHUEFTAN, D. L'attaco all'Iran è inevitabile. *Limes (Milão)*, n.4/2006, out. 2006.

SHAHVAR, S. Il regime iraniano è un pericolo per tutti. *Limes (Milão)*, n.4/2006, out. 2006.

SHAWRASH, S. L´Iran, un allié objectif de l'armée turque. *Al-Hayat / Courrier International (Paris)*, n.870, 5 jul. 2007.

SIDDIQI, M. Iran's buy back deals. *The Middle East (Londres)*, n.376, mar. 2007.

SPITAELS, G. *La Triple Insurrection Islamiste*. Paris: Fayard/Luc Pire, 2005.

TAHERI, A. *The Spirit of Allah*. Londres: Hutchinson, 1994.

TAKEYB, R. Time for détente with Iran. *Foreign Policy (Nova York)*, n.2, v.86, mar. 2007.

TELLIOER, F. Iran: totalitarisme ou révolution invisible? *Le Nouvel Observateur*. Paris, 24 maio 2007.

TIRAM, S. US Undersecretary of State Burns: we have to confront Iran. *The Jerusalem Post*, 22 janeiro 2006.

VALDEVIT, G. *Stati Uniti e Medio Oriente dal 1945 ad Oggi*. Roma: Carocci, 2003.

WILLETT, E. C. *Ayatollah Khomeini*. Nova York: The Rosen Publishing Group, 2004.

WRIGHT, R. *In the Name of God*. The Khomeini decade. New York: Simon & Schuster, 1989.

YAZD, A.-e. Ahmadinejad récalé en économie. *Courrier International (Paris)*, n.868, jun. 2007.

YERGIN, D. *O petróleo*. Uma história de ganância, dinheiro e poder. São Paulo: Scritta, 1992.

ZACCARA, L. *Los Enigmas de Irán*. Sociedad y política en la República Islámica. Buenos Aires: Capital Intelectual, 2006.

ZARMANDILI, B. La strada per l'impero iraniano passa per Beirut. *Limes (Milão)*, n.4/2006, out. 2006.

ZAYAR, Dr. La revolución iraní: pasado, presente y futuro. In: *www.militant.org*, acesso em 13 jul. 2006.

SOBRE O LIVRO

Formato: 10,5 x 19 cm
Mancha: 18,8 x 42,5 paicas
Tipologia: Minion 10,5/12,9
Papel: Off-white 80 g/m^2 (miolo)
Cartão Supremo 250 g/m^2 (capa)
1ª edição: 2008
6ª reimpressão: 2020

EQUIPE DE REALIZAÇÃO

Edição de Texto
Regina Machado (Preparação de texto)
Beatriz Simões Araújo e Priscila Soares (Revisão)
Cristian Clemente (Atualização ortográfica)

Editoração Eletrônica
Casa de Ideias (Diagramação)

MUNDIAL**GRÁFICA**
www.mundialgrafica.com.br